北京语言大学国际汉语教学研究基地重点项目成果丛书

国际汉语教学
听说教学方法与技巧

总 策 划：崔希亮　王路江
总 主 编：迟兰英
分册主编：翟　艳

INTERNATIONAL CHINESE TEACHING
Methods and Techniques for Teaching Listening and Speaking

胡　波　著

图书在版编目（CIP）数据

听说教学方法与技巧/胡波著. —北京：
北京语言大学出版社，2014.2（2022.2重印）
（国际汉语教学）
ISBN 978-7-5619-3770-9

Ⅰ.①听… Ⅱ.①胡… Ⅲ.①汉语—听说教学—对外汉语教学—教学法　Ⅳ.① H195.3

中国版本图书馆 CIP 数据核字（2014）第 024853 号

书　　名：	听说教学方法与技巧	
	TING SHUO JIAOXUE FANGFA YU JIQIAO	
责任编辑：	徐　雁	
责任印制：	周　燚	
出版发行：	北京语言大学出版社	
社　　址：	北京市海淀区学院路 15 号　　邮政编码：100083	
网　　址：	www.blcup.com	
电　　话：	发行部　010-82303650 / 3591 / 3651	
	编辑部　010-82303647 / 3592 / 3395	
	读者服务部　010-82303653 / 3908	
	网上订购电话　010-82303668	
	客户服务信箱　service@blcup.com	
印　　刷：	北京市金木堂数码科技有限公司	
经　　销：	全国新华书店	
版　　次：	2014 年 2 月第 1 版　　2022 年 2 月第 6 次印刷	
开　　本：	787 毫米 ×1092 毫米　1/16　　印　张：9.5	
字　　数：	160 千字	
书　　号：	ISBN 978-7-5619-3770-9 / H · 14014	
定　　价：	45.00 元	

凡有印装质量问题，本社负责调换。电话：010-82303590

总　序

北京语言大学国际汉语教学研究基地是国家汉办首批建立的汉语国际教育十大研究基地之一，2009年4月3日正式揭牌成立。这个基地依托于北京语言大学汉语速成学院，整合了全校汉语国际教育资源，并与海内外专家学者合作，共同研究汉语国际教育的新方法和新理念，为孔子学院建设提供教学资源。基地建设的总目标是在总结既有经验的基础上，创新教学方法，解决"汉语难学"的瓶颈问题，为不同人群、不同层次、不同要求、不同目的学习者提供合用的教材和教学法，为海外孔子学院和孔子课堂提供相应的教学模式。基地建设的具体目标是完成"五个一"项目的建设，即一种教学模式、一套教材、一个教学资源包、一批种子教师、一个模拟国外实景教学实验中心。今年适逢北京语言大学建校50周年，研究基地的同事们完成了4部语言要素教学指导用书，3部语言技能教学指导用书，1部新教学法实验报告集和1部新汉语速成教学教材。现在这些研究成果即将付梓，为此我感到高兴。我相信这对于汉语国际教育的课堂教学来说是一种实在的贡献。

北京语言大学作为一所以对外汉语教学、汉语国际教育和推动"中华文化走出去"为主要任务的国际型大学，与海外11个国家的16所大学合作建设了16个孔子学院，教学规模不断扩大，教学方法不断改进，积累了许多宝贵的经验。这些宝贵的经验离不开北京语言大学50年的历史传承。学校自1962年独立建校以来已经为世界180多个国家和地区培养了13万多名懂汉语、了解中国社会和历史、熟悉中华文化的专门人才，个中甘苦不足为外人道也。2005年，我校汉语速成学院"对外汉语短期、速成、强化教学体系建设"荣获高等教育国家级教学成果二等奖，荣获北京市高等教育优秀教学成果一等奖。在几十年的教学实践中，我们创设的对外汉语短期、速成、强化教学体系可以为"汉语国际教育"搭建教学平台，为海外孔子学院提供标准化、规范化的教学模式，并针对不同地区、不同人群的特点、不同的教学内容和不同的教学需求提供多种教学实施方案。我校承担的国家汉办项目、孔子学院主体教学模式——"长城汉语"多媒体教学系统及整套教材，已在海外100多所孔子学院和国内40多所高校和教育机构推广使用。学校拥有多个与汉语国际教育相关的高水平研究机构，对外汉语研究中心是教育部人文社会科学重点研究基地，北京语言大学出版社及其汉语教材研发中心是中国唯一一家以研发并出版汉语第二语言教学所需的各类教材及理论著作为主的专业出版机构，目前已经出版发行教材和教学工具书3500多种。在这样的背景下，研究汉语国际教育的教学模式、教学法和教材具有得天独厚的优势。

即将与读者见面的4部语言要素教学指导用书内容涵盖了语音教学、词汇教学、语法教学和汉字教学四个方面，3部语言技能教学指导用书涵盖了综合技能教学、读写技能教学和听说技能教学三个方面。这些教学指导用书的背后是新的教学理念和教学法。即将面世的新汉语速成教材《我和你》旨在体现全球化背景下的人际交流与互动。编写组充分调研并直接针对汉语国际推广的特殊需求与特定要求，深入挖掘海外汉语教育的个性化特征以及海外孔子学院的教学特点与教材需求。一部好的教材必须经受时间的检验。教师是否喜欢、学生是否喜欢是评价一部教材是否成功的客观标准。但愿这部教材能够经受时间的考验，在使用中不断完善修订。

汉语国际教学有许多值得研究的课题，而汉语国际教学研究基地的任务是相当明确的。目前，汉语国际教学资源包的建设还没有完成，海外调研的工作任务还很艰巨。希望研究基地的各位同人再接再厉，以优异的成绩迎接汉语国际教育的明天。

崔希亮
2012年12月

前 言

2008年起，国家汉办先后颁布了《国际汉语能力标准》、《国际汉语教学通用课程大纲》和《国际汉语教师标准》，分别对汉语学习者的语言能力、课程设计和汉语教师的素质做了细致的、全面的说明。为顺应世界各地汉语教学迅速发展的形势，满足汉语教师，特别是即将上岗或从事汉语教学时间不长的非专业汉语教师、汉语教师志愿者的需要，本书按照标准和大纲的有关条目，结合实例，具体阐释速成汉语技能教学的理论和方法，指导教师进行有效的课堂实践。

《国际汉语教学通用课程大纲》对汉语作为第二语言教学的课程目标和内容做了详细描述，它明确规定汉语教学的总目标是培养学习者的语言综合运用能力。语言知识、语言技能、策略、文化四方面是构成语言综合运用能力的主体，其中，语言技能包括听、说、读、写单项技能及其综合技能，它们是语言综合能力最重要的组成部分。

在第二语言教学中，语言知识跟语言技能结合最紧密，也最容易让人产生教知识就是培养技能这样的误解。诚然，在学习过程中，第二语言学习者首先接触到的就是语言知识，如汉语的声韵调、一定的词汇、按规则组合起来的句子等。但语言知识只是概念和规则，我们学习知识是为了理解事物的概念，获得理性感受，即获得"一大批部分装配好的结构（半成品）、公式性套语和一套规则"，其最终目的是进入交际。正如吕必松先生所说，语言知识不等于语言技能，学习语言并不是掌握一套第二语言的词汇、语法规则系统，而是要通过学习语言知识，获得使用语言必需的组织材料，完成传情达意的目的。语言技能训练的目的就是通过各种交际化的训练手段，使语言知识内化为语言技能和语言交际技能，最终形成学生的汉语综合运用能力。

本书的目的不是教授知识，而是教授如何训练技能。主要依据《国际汉语教学通用课程大纲》对听、说、读、写专项技能一、二、三级目标与内容的相关规定，对国际汉语听说训练的方法进行分项描述和列举，并通过大量的例释来加以说明。不过多也不过深地涉及理论介绍，仅在必要时将理论作为背景引出相关的方法，或暗含在训练过程中，并通过方法的阐释加以显示。

全书以训练方法和教学指导为主体，设计时主要考虑到了以下几点：

1. 教学理念国际化

遵循第二语言教学和汉语教学的基本理论和教学原则，充分考虑到海外，特别是北美地区汉语教学在体制、学制上的特殊要求，以技能概念阐释和相应的方法训练作为贯穿全书的主线，避免了以课型为主线所带来的技能训练割裂等不合理现象，在设计上更切合海外教学实际。全书的基础是对外汉语教学法，这是汉语教学六十年来不断发展、完善又推陈出新的优秀传统与经验总结。此外，我们还充分吸收了第二语言教学界、外语教学界，特别是北美运用最广的交际法、建构主义教学观、任务型教学的理念，突出了语言的交际性和社会性，在方法的选择上更加符合现代教育的理念和组织方法，在观念上、行动上与海外教学实际对接，力求做到为海外汉语教学的本土化服务。

2. 理论解释实例化

针对海外教师的实际情况，如兼职教师多、教育背景复杂、缺少教学经验等，本书着重介绍简单、实效的课堂操作方法，不做过多的理论阐释。而必不可少的理论说明，都有后续的方法来支撑，并辅助有大量的教学实例。这些教学实例多与学生生活和社会生活相联系，与学生的学习需要相联系，这样既增强了论述的真实感和熟悉感，让使用者易于理解和接受，又能直接作为教学素材用于课堂。

3. 课堂操练活动化

倡导任务型"做中学"的教学理念，突出以学生为中心的教学原则。通过设计大量适宜师生互动、学生小组活动的训练方式，针对每一个训练点，教授几个有用的方法，以帮助教师不断积累经验，提高驾驭课堂、有效教学的能力。

4. 教学过程指导化

按照教学的过程、训练的不同侧面，提供相应的方法介绍、教学难点分析和教学指导建议，适时提醒教师注意可能出现的问题，介绍方法时注意说明设计的缘由和训练目标。全书的小章节均按照教学理念、教学内容、教学方法和教学建议四个层次展开，思路清晰，便于阅读和理解。

5. 教学模式开放性

本书介绍的虽为广泛运用的、有突出成效的做法，但在模式和方法上又留有创新空间，使用者可根据当地实际教学情况各取所需，自由组合，融会贯通，并创造性使用。

由于时间仓促，研究能力有限，不当之处，敬请海内外同人批评指正。

翟艳

目 录

第1章 听说技能训练的理念 1

    第1节 什么是听说技能 2
        一、听力理解能力 2
        二、口头表达能力 3

    第2节 什么是听说技能训练 4
        一、听说同步 4
        二、听力训练与口语训练的关系 5

    第3节 听说技能训练的路径 6
        一、以听入手，先听不说 6
        二、以听带说，以听促说 6
        三、听说结合，拓展表达 7
        四、注意策略，整体提升 7

第2章 以听入手，先听不说的训练 9

    第1节 "先听不说"的理论依据 10
        一、二语习得理论 10
        二、外语教学理论 11

    第2节 听力理解训练的内容、任务及原则 12
        一、听力理解训练的内容 12
            （一）听辨汉语语音 12
            （二）听辨汉语句子结构 13
            （三）听辨特有的数字表达 14
            （四）理解语言中的文化因素 14
            （五）理解汉语的语用规则 14
        二、听力理解训练的任务 15
            （一）掌握听力理解技能 15
            （二）培养听力理解策略 15

三、听力理解训练的原则 ··· 16
　　　（一）听力是以输入为主、讲授为辅的课程 ···················· 16
　　　（二）坚持"可懂性"输入原则 ·· 16
　　　（三）听力训练是培养听力技能，不是听力测验 ············· 16
　　　（四）听力训练应该听练结合，加强学习效果 ················· 17

第3节　听力理解训练方法 ··· 17
　　一、声韵调训练 ··· 17
　　　（一）辨音训练 ··· 17
　　　（二）听辨重音、停顿和语调训练 ··································· 20
　　二、理解意义的训练 ·· 22
　　　（一）数字理解训练 ·· 22
　　　（二）位置和路线理解训练 ·· 26
　　　（三）语言点理解训练 ··· 30
　　　（四）短文理解训练 ·· 33
　　三、听力策略的训练 ·· 39
　　　（一）预测 ·· 40
　　　（二）猜测 ·· 42

本章小结 ··· 46

第3章　以听带说，以听促说的训练 ······································· 47

第1节　听说训练的理论依据 ·· 48
　　一、模仿学习理论 ··· 48
　　二、关联主义理论 ··· 49
　　三、输入和输出理论 ·· 50

第2节　听说训练的内容 ··· 51
　　一、模仿练习 ·· 52
　　　（一）模仿音节 ··· 52
　　　（二）模仿轻音、重音 ··· 52
　　　（三）模仿停顿 ··· 53

　　　　　（四）模仿语调 ·················· 53
　　　　　（五）模仿对话 ·················· 53
　　　二、问答练习 ······················ 54
　　　　　（一）师生问答 ·················· 54
　　　　　（二）生生问答 ·················· 54
　　　三、复述练习 ······················ 54
　　　　　（一）一般性复述 ················· 55
　　　　　（二）转述 ···················· 55
　　　　　（三）概述 ···················· 55
　　　　　（四）扩充性复述 ················· 55
　　　四、评价练习 ······················ 55
　　　　　（一）听后说 ··················· 55
　　　　　（二）讨论 ···················· 56

　　第3节　听说训练的方法及策略 ················ 56
　　　一、机械性练习 ····················· 57
　　　　　（一）音节和词语听辨练习 ············· 57
　　　　　（二）朗读练习 ·················· 58
　　　　　（三）模仿练习 ·················· 59
　　　二、有意义的练习 ···················· 62
　　　　　（一）问答练习 ·················· 62
　　　　　（二）复述练习 ·················· 66
　　　　　（三）评价练习 ·················· 72
　　　　　（四）表演练习 ·················· 75

　本章小结 ··························· 77

第4章　听说结合，拓展表达的训练 ················ 79

　　第1节　汉语口语技能训练的理论依据 ············· 80
　　　一、任务型教学的概念 ·················· 80
　　　二、任务型教学的组织方式 ················ 81

三、任务型教学的教学过程 ·· 82
　　　　（一）任务前 ·· 82
　　　　（二）任务中 ·· 82
　　　　（三）任务后 ·· 83

第2节　口语技能训练的内容 ·· 84
　　一、汉语口语技能的组成 ·· 84
　　　　（一）认知能力 ·· 84
　　　　（二）语音能力 ·· 84
　　　　（三）语言能力 ·· 85
　　　　（四）成段表达能力 ·· 85
　　　　（五）语用能力 ·· 86
　　二、口语技能评估的标准 ·· 86
　　　　（一）准确性 ·· 87
　　　　（二）流利性 ·· 87
　　　　（三）复杂度 ·· 88
　　三、口语技能训练的目标 ·· 88
　　　　（一）口语技能分级目标 ·· 88
　　　　（二）口语技能训练目标类型 ·· 89

第3节　口语技能训练的方法 ·· 90
　　一、排序与分类活动 ·· 90
　　　　（一）活动方式 ·· 90
　　　　（二）活动举例 ·· 91
　　　　（三）活动指导 ·· 99
　　二、拼图活动 ·· 100
　　　　（一）活动方式 ·· 100
　　　　（二）活动举例 ·· 100
　　　　（三）活动指导 ·· 103
　　三、信息差活动 ·· 103
　　　　（一）活动方式 ·· 103
　　　　（二）活动举例 ·· 103

　　　　（三）活动指导 ··· 108
　　四、解决问题活动 ··· 108
　　　　（一）活动方式 ··· 108
　　　　（二）活动举例 ··· 109
　　　　（三）活动指导 ··· 112
　　五、交换观点活动 ··· 112
　　　　（一）活动方式 ··· 112
　　　　（二）活动举例 ··· 112
　　　　（三）活动指导 ··· 123
　　六、角色扮演活动 ··· 123
　　　　（一）活动方式 ··· 123
　　　　（二）活动举例 ··· 123
　　　　（三）活动指导 ··· 126
　　七、游戏 ··· 126
　　　　（一）活动方式 ··· 126
　　　　（二）活动举例 ··· 127
　　　　（三）活动指导 ··· 132
　本章小结 ·· 133

参考文献 ·· 135

后　　记 ·· 138

听说技能训练的理念

第1章

第 ① 节 什么是听说技能

听,是获取信息的方式;说,是传递信息的方式。在语言交流中,听,一般指通过接收声音符号来理解语言,包括听懂各种输入材料,听懂课堂上教师和其他同学的话语,以及在交际中听懂并准确理解说话人的意思。说,一般指通过口头输出语言来表达意思,包括简单的模仿、重复,自我陈述以及真实交际中的反馈与表达。

一、听力理解能力

在听说技能训练中,要先明确两种能力,一是听力理解能力,一是口头表达能力。语言教学中的听力理解,应该包含两方面的内容:1. 辨别语音;2. 理解意义,那么听力理解技能应该就是通过辨别语音来理解话语的能力。

从语音辨别到话语理解是一个复杂的心理过程,胡春洞(1990)将其概括为如下七个步骤:

1. 音的感知和识别;

2. 对具体、简短的材料进行初步的理解;

3. 对材料进行短时记忆储存;

4. 将刚刚储存的材料,与前面已经储存在短时记忆中的材料加以联接;

5. 将刚刚储存的材料,与正在进行短时记忆的材料加以联接;

6. 领会材料的意思并进行长时间记忆储存;

7. 对大意、概括的回顾。

心理学上听的过程体现了在言语信号接收中,大脑高级神经活动的分析与综合功能,听力理解的过程也体现为从语音的感知、识别、储存到意义的获得等一系列活动。围绕着这些活动,语言教学开展了相关听力技能训练。1996年,杨惠元在他的《汉语听力说话教学法》中,将听力技能分解为八项微技能,分别是:1)辨别分析能力;2)记忆储存能力;3)联想猜测能力;4)快速反应能力;5)边听边记能力;6)听后模仿能力;7)检索监听能力;8)概括总结能力。这是从多个角度、针对不同目标来培养学习者听力技能的方法。

二、口头表达能力

口头表达能力是指运用口头语言表达自己的思想、情感,以达到与人交流的目的。语言心理学认为(桂诗春,1991;徐子亮,2000),口语表达是语言的外在表现,其内部机制是话语的产生,它必须经过以下三个阶段:

1. 话语计划:即说话人根据自己的意图或者交际双方的需求计划自己说话的内容;

2. 建立话语结构:指从思想到话语,从长时记忆库的心理词汇中选择合适的词语,按照语法规则进行排列,使其成为有意义的句子形式或词组形式;

3. 执行话语计划:通过语音形式将句子表述出来。

在语言教学中,口头表达能力至少应包括这几方面:1)准确发音的能力,即掌握汉语发音及声音表达技巧;2)语言提取能力,从大脑中积极快速地提取话语信息;3)语言组织能力,按一定的语言规则、语言环境和听话对象选择合适的表达方法。

第 ② 节 什么是听说技能训练

一、听说同步

语言是人与人交流的工具。在口头交际中,听和说是不可分割的两个方面。说话人发出信息,音义同步,听话人接收信息,听音、悟义并作出反馈,谈话才得以进行。要听懂、听准对方的话语,交际者就要具备一定的听力技能;要说对、说好,也要具备一定的表达技能。从语言交际的角度说,大量的交际活动是通过听说技能完成的,听和说是语言交流最重要的形式,当然也是语言教学最重要的内容。听说技能训练就是针对听和说的需要、以培养学生的听说技能为目的的教学活动。

人们很早就注意到这样一个事实,某些外语学习者在目的语国家,能说一口流利的目的语,能与当地人交流,满足基本的生活需要,却不识字,不会读也不会写;也有一些语言研究者,如海外的汉学家,他们的语言阅读和写作能力可以满足研究和钻研专业书籍的需要,却不能开口说话,听不懂也说不出。生理学的研究也证实,有可能通过加强对某些语言中枢部位的刺激来获得某一技能的提升。目前国内、北美及欧洲等地一般都采取综合技能和单项技能相结合的方式来描述和评估语言能力,并且都制定有明确的标准。既然从社会交际的需要和语言能力的切分上可以对听、说、读、写四项技能进行分别描述和制定语言标准,就可以从听、说、读、写等方面有侧重地进行技能训练,实际上,按照这种思路撰写的教学法论著已然不少。

本书则是在侧重单项技能或综合技能训练的路子中采用了有限综合的思路,即用听说结合、读写结合的方式来规划和编写。原因就在于,口头交际和书面交际是可以明确分开来进行使用和学习的。从语言的使用方式来看,有口头和书面两个方面。口头交际就是听和说,书面交际就是读和写。语言交际最主要、最基本的形式是口头交际,因此初级汉语教学的主要目标就是培养学生的口头表达能力。在北美地区,向来重视培养学习者的听说能力,如著名的听说法和交际法都强调听说技能训练。因此,将听说技能结合起来训练,不仅符合语言教学和语言学习的规律,更能满足广大学习者的需要。

二、听力训练与口语训练的关系

那么,将听、说技能结合起来进行训练,应该如何处理它们之间的关系?我们可以这样理解:

1. 听与说技能结合训练,是以听为基础、把听作为起点的。在外语教学课堂上,听力理解至关重要,因为它为学习者提供了输入。如果没有适当难度的输入理解,学习是不可能开始的。儿童语言能力的发展证实了大量输入的必要性。充分而能够理解的语言输入,是促进学习者第二语言能力发展的重要途径。

2. 听对口语水平的培养也十分重要,它突出的优势是创造了语言输出的环境。输入为学习者提供了口语表达的材料,创设了表达的条件,使交际成为可能。在听力技能训练中,如果学生能以交际者的身份融入听力过程,就能激励学生输出表达的愿望,就能杜绝被动接受的弊病。

3. 听还能使输入材料内化,如让学习者注意到语言形式的运用,获得语言使用的基本规范、明确形式与意义的概念等,从而建立起第二语言的组织机制。

4. 说则是口头交际的终点。口语表达的过程包含听和说,听和说只有在会话活动中才能统一起来。所以口语为学习者提供的是一种互动的手段,在互动中交际双方达到理解。真实的口语对学习者是一种挑战,使得他们可以尝试着像使用自己的母语一样去理解这种语言。

在听说技能训练的各个环节,教师的目的就是引导学生主动地去进行听与说的活动,积极提取、重建和传达信息,使听和说的行为自然结合、真实可信,使学习成为有意义的行为。

第 ③ 节　听说技能训练的路径

进行听说结合的技能训练，其总体思路是先输入、再输出。依照学习的进程和训练的侧重，可以设计为侧重听的训练、听说并重的训练和侧重说的训练。前期输入的成分较多，后期输出的成分较多；前期多为静态地接收，加有限表达，后期多为动态的交流，更为真实、自由；前期突出听力理解能力训练，后期突出口语表达能力训练。整个训练过程由静到动，由限制较多到自由开放。这里所谓的"前期"、"后期"，并不代表某一学期的前段时间与后段时间，而是针对一个完整的教学过程，如一个课时、两个课时而言。

按照这样的思路，听说技能教学有这样四个方面的内容：

一、以听入手，先听不说

按照输入先于输出、理解先于表达的理念，首先对学习者进行大量的语言输入训练，这包括对汉语语音的识别训练、对信息的短时记忆储存训练、音义同步接收、解码的速度和理解力的训练等。在这一方面，学习者应能具备基本的对话语的听觉能力、识别语言信息的语言分辨能力、理解信息的语义能力和解读信息的认知能力。操练形式可用填表、画图、选择答案、寻找目标物等完成任务的方式进行，多不依赖语言的表达来完成。

二、以听带说，以听促说

输入提供语言表达的环境，输入提供简单操练的语料。在大量的聆听之后，进行有限的、有控制的输出表达训练。作为自由、真实交际的必要准备，教师指导学生开展旨在理解语义、熟悉语言形式的课堂活动，如跟读、问答、替换、模仿、复述等。在这一方面，学习者应能依据输入材料准确发音、朗读或背诵，能听懂提问并口头简要回答问题，能整合材料进行一定的综合概述，能进行语法形式错误较少的尝试表达。这一层次的操练，是在所给材料的基础上进行的，有环境，有语境，有人物，有事件，避免了孤立、机械反应式训练的弊病，是有一定意义的课堂听说活动。

三、听说结合，拓展表达

运用互动的方式，进行更加真实的交际活动，此时理解与反馈同步进行，听说完全融合。采用任务型教学来设计活动内容，活动方式多采用小组和配对的形式，学生们根据用听或读输入的材料，完成排序、信息差、解决问题、角色扮演等任务。训练重心完全放在输出表达上，注意语言的准确性、流利性、复杂性和得体性，体现一定的语言交际策略和文化意识。在这一方面，学生应具有一定的预测并组织信息的认知能力、遣词造句的语言能力、综合表达能力，这是学习者口语能力的综合体现。

四、注意策略，整体提升

在整个训练过程中，视需要增加一些说话表达技巧训练，如运用声音来表达不同的语调、语气，表达不同的心理和态度，掌握好轻重音、断句自然、停顿得当、说话从容等，还可以有一些演说技巧。这些方面的训练，能促进学生口头表达的准确性和丰富性，增加语言的感染力。

以下几章将会就以上内容进行详细介绍。

以听入手，先听不说的训练

第2章

第 ① 节 "先听不说"的理论依据

一、二语习得理论

在日常的交际活动中,听是人们吸收信息的重要渠道。在语言习得过程中,儿童是通过聆听大量言语信息,培养起对语言的感知、理解和运用能力的。因此自然教学法主张,学习第二语言也应像人们获得母语一样,大量聆听有意义的语言,在意义的沟通中,通过对语言的理解和使用自然地获得语言。由克拉申提出的自然教学法的五个假说,其中最能说明这个观点的就是"输入假说"。输入假说既能说明儿童语言习得,也能说明成人语言习得。它强调,在语言习得中头等重要的是听力理解,听力理解能力提高后,口语能力则会水到渠成。所以自然教学法主张"意义"在先,"理解"为主,认为学习语言应该尽量专注于听,"注意力集中在信息上,不是集中在形式上"。在"听"之中接触和感受语言,而在学生没有充分"听"的准备之前不必勉强他们开口。

在强调输入的重要性时,我们有必要明确什么是真正的输入。克拉申认为,输入的语料应该是略高于学习者理解能力的可懂性输入,即"i+1",学习者接受这样的语料,语言习得便会自然产生并不断进步。如果输入的语料距离学习者的水平相差太远,聆听活动则毫无意义。为了适应学习者的接受能力,"i+1"的语料就不一定是真实的,而应是经过调整的、难度适宜的、能让学生够得着的语料。只要学生感到大部分听懂了,或听起来不太难,输入就是有效的,语言习得便会自然产生。

Gass(1988,转引自朱晓申,2007,第52~54页)在他的二语习得模式中,同样将习得的过程分为五个阶段,即感知到的输入、理解到的输入、吸入、内化和输出。感知到的输入是将注意到的材料有选择地与过去的经验相匹配，将它与以前的一些经验联系起来。理解到的输入是指对言语输入的结构与意义的理解。吸入是对输入的语言材料进行语言加工的过程。内化是吸入之后产生的结果，或者使用，或者暂时储存起来。Gass 的理论也将输入看作是二语习得的重要因素，学习者在语言输出之前，必须先有充分的感知目的语的机会，在理解的基础上通过大脑对语言信息的加工处理，从而将知识内化为长久记忆。输出是最后一个环节，输入为输出做准备，输入先于输出。

二、外语教学理论

对于语言学习来说，聆听还有其他功效。首先是语音为学习者提供了模仿的范例，是语言学习的便捷之道。另外任何一种语言都有自己独特的韵律，那些优秀的语音文本，能够使学习者体会到目的语的韵律之美。学习者在聆听活动中体验到乐趣和美的享受，学习语言的内在动力便可由此得到提升。学习者在大量接触一段时间的纯正发音后再开口说话，其发音会更加准确，语调也更自然、流畅。

现代学习理论同样也认为学习的规律就是输入大于输出、输入先于输出，所以也有学者提出"先听不说，多听少说"，厚积而薄发的教学原则。认为通过输入提供给学生现成的语言材料以记忆，而后内化语言形式，通过高频率输入，塑造特定的句法形式和节奏感，建立起语音结构与句法结构相匹配的心理模式。随着输入量的增多，储存记忆的信息不断增加，语言能力因此得到提高。

语言学习要培养四项技能：听、说、读、写，其中"听"是唯一具有自然习得之便的技能，应该充分利用。

从交际学的角度讲，语言的主要功能是交际。"听"是输入，"说"是输出。（吕必松，1995）有了输入才有输出，听懂了才能与人进行交流。从这个意义上讲，加强聆听能力的培养是很有意义的。

第 ② 节　听力理解训练的内容、任务及原则

听力理解训练以交际为目的，其训练内容与日常生活密切相关。国家汉办《国际汉语能力标准》对二至三级口头交际能力提出了以下标准，即：能基本听懂与个人或日常生活密切相关的熟悉而简短的话语，或一般场合下的交谈，或简短发言。抓住相关信息，明白其大意。能就与此相关的熟悉话题与他人用简单的话语进行沟通和交流，或做简单描述。

一、听力理解训练的内容

输入信息中对听力理解构成障碍的因素可能存在于语言内，也可能存在于语言外。学习者的语言水平、社会文化背景知识是属于语言训练内部的要素，输入材料的音质、效果、学习者的注意集中情况是外部要素。内部要素是最重要的因素，它们包括针对汉语语音、汉语语法、汉语语用和文化因素的准确听辨和理解。

（一）听辨汉语语音

指在语流中感知汉语的声韵调，理解由轻重音、停顿、说话的节奏、语气等带来的意义上的变化。

句重音是根据语法和传情达意的需要而产生的重读音，是最常见的传递主要信息的途径。重音有三类，一类是语法重音，它们由句子的语法结构所决定，比较有规律，如谓语重读，补语重读，定语、状语重读等；一类是逻辑重音，由句子潜在含义所决定；还有感情重音，主要根据说话人情感的需要，对语句中某些词或词组加以带有情感色彩的强调。抓住重音不仅能准确把握说话人的意思，而且对跳跃理解障碍也很有帮助。例如：

我指的是′你，不是′他。（逻辑重音）

你′怎么会相信他的话？（逻辑重音）

把东西′放好，就′出来。（语法重音）

停顿是根据语气要求或意义变化的要求使用的语音表现形式，例如：

你统计一下儿报名的｜和｜尚未报名的人数。

我想｜起来了。

我｜想起来了。

这里如果停顿有差别，便会产生意义的差别。

语调也具有很强的区别语义和语气的作用，如表达赞美与批评、惊讶与疑问、轻蔑与讽刺等，都有相应的语气，说话人总是会把自己的感情通过语气表达出来。例如：

你跟我一起去嘛！（降调，表示请求）

你跟我一起去吗？（升调，表示询问）

下这么大雨，我怎么去？（降调，表示否定）

下这么大雨，我怎么去？（升调，表示疑问）

（二）听辨汉语句子结构

我们知道，听力理解的构成要素是由若干"听力线索"组成的。感知和理解语言，有赖于人们对这些听力线索的认知程度。听力线索之一是结构线索，结构主要指句子组织，通常我们用语法来指代它。听力理解能力与语法知识密切相关，不懂一种语言的基本语法结构，要听辨一种语言是不可能的。具有相应的语法知识是理解句子的必要条件。

理解能力和大脑中储存的语言知识量相关，储存的知识越多，听懂的程度越高。语言知识的积累依靠输入来完成，在不断深化的输入过程中，感知到和理解到的语言知识逐渐在大脑中固化下来，通过语音形象刺激并激活学生大脑中已知的词汇、句型及其他言语信息的意义，使其得到强化，并促使学生不断地提取和使用这些信息。提取的次数多了，这些信息就从短时记忆转化为长时记忆储存起来，成为今后听力理解的经验。

汉语是意合语言，语法规则性不强，有很多是靠逻辑、意义的贯连组合成的无主句、紧缩句、流水句等，还有大量独特的语法现象，其中比较突出的难点如"了"、"着"、"过"、"把"字句、被动句、"是……的"结构，以及汉语中各种补语的特殊用法等，这些由句子结构所带来的理解困难是听力理解训练的一个重要方面。

（三）听辨特有的数字表达

这里所说的数字包括了时间、数量、重量、距离等的表达。对于大多数学生来说，在接触汉语的初期，听辨数字都比较困难，再加上除了理解以外，还常常需要计算，这对于初学汉语的人来说有一定难度。例如：

小强1米82，小明比他矮10公分。问：小明多高？

他应该找我17.5元，可是他找了我12元。问：那个人少找了他多少钱？

这两个问题涉及的不仅是语言的理解，还涉及加减运算，理解难度因此加大，正因为如此，听辨数字被视为听力理解训练的重要内容之一。

（四）理解语言中的文化因素

在语音、词汇、语法三个子系统中，最能反映出社会文化特征，也最容易受社会文化背景影响的是词汇。任何民族的语言中，都包含大量的反映本民族特定文化生活内容的词汇，而词汇意义的形成与演变很多都留下历史和文化的积淀。如汉语中保留了大量关于器皿、建筑、佛教的词汇，还有不少反映中国特有文化观念、特有文化现象的成语、惯用语和俗语，如"哪儿的话"、"忙得团团转"、"豆腐西施"、"滥竽充数"等。这些表达方式多带有特定的、丰富的文化内涵，具有固定的文化附加意义，不能直接从字面上了解其含义，也难以在别的语言中找到对应的词语，只能通过不断积累减少文化因素的障碍。

（五）理解汉语的语用规则

听力理解是一个由多种任务构成的思维活动。辨音、识别句子结构，只完成了初级解码任务，理解说话人为什么这样说、话语所传递的意图是什么才是完成了听力理解更高层次的任务。

人们在交际过程中，掌握语言、语法、词汇并不能保证顺畅的交际，在具体使用语言时还需要运用一套语用规则。与语法规则相比，语用规则的掌握要困难得多。前者有章可循，有书可查，而语用规则却远远还没有总结出来。例如：

为了给张总接风，我们谨略备薄酒，不成敬意，请张总小饮几杯。（正式场合）

老二难得回来一趟，来，咱们喝一杯！（非正式场合）

同样都是饮酒，因说话场合和对象不同，使用的表达方式也截然不同。在听力理解过程中，应使学生细心体会、准确理解。

二、听力理解训练的任务

（一）掌握听力理解技能

听力理解能力在一定程度上是可以培养的，在听力训练过程中，进行有针对性的技能训练，可以有效提高理解效果。在听的若干能力中，比较重要的有以下九个，简要说明如下：

1. 辨音辨调能力：准确辨别语音语调的能力。
2. 快速反应能力：快速将语音信息进行解码。
3. 捕捉主要信息的能力：从听到的众多信息中抓住理解的关键点。
4. 跳跃障碍能力：排除语音信息中的干扰，继续往下听。
5. 联想猜测能力：根据上下文猜测听不懂的词语。
6. 预测能力：根据一个或若干个词语预测句子或全文、从已听到的内容预测尚未听的内容。
7. 检索监听能力：听时将注意力集中在要找的信息上。
8. 记忆存储能力：将理解的信息暂时储存起来。
9. 概括总结能力：将所听信息的主要内容、主要意思概括出来。

（二）培养听力理解策略

除了听力理解技能训练以外，听力策略的培养也极为重要。常用的听力策略有：

1. 不要担心听不清楚声音。
2. 想想现场情景，即语言环境。
3. 注意被强调的词语。

4. 试着猜测说话人的意思。

5. 快速回应。遇到听不懂的情况时，不要不做反应，而是要进行询问。

6. 试着了解说话人的目的。

7. 试着了解说话人的态度。

8. 记住意思。

9. 注意关键词和事实。

10. 将注意力放在话语主题上。

三、听力理解训练的原则

（一）听力是以输入为主、讲授为辅的课程

听力理解训练要给学生输入听力理解的语料，教授理解策略。输入的语料随着阶段的不同分为语音、词语、句子、对话和短文，从学生的实际语言水平出发，循序渐进。教师的作用是确定每课要给予学生的语言知识和学习重点；预测难点，运用一定的教学方法给予适当的听前指导，提前教给学生理解这些难点的方法；发掘构成学生听力理解障碍的因素，找出训练跨越这些障碍的方法，用有效的方法帮助学生克服理解障碍，顺利地完成听力任务。输入为主并不意味着放手不管，同时忌讳在遇到理解障碍时，将意思直接告诉学生，那样就会丧失听力训练的意义。

（二）坚持"可懂性"输入原则

教师在选择听的内容，或者是教授课本内容时，要从学生的实际水平出发，选择难度合适的听力内容，切勿使学生对听力产生畏惧感。对于教材中出现的生词和新语言现象，视具体情况进行处理，可以学习，也可以埋伏在语料中。

（三）听力训练是培养听力技能，不是听力测验

在进行听力训练时，学生应该是在教师指导下完成听力任务。课上要考查学生对所听信息的接受程度，但考查并不是最终目的。如果听后只是简单地对对答案，那样的话学生就没有必要到课堂来学习了。另外也不能简单强调模仿，有的教师期待学生听完录音以后能够还原所听的内容，似乎只有这样才算是听懂了。

然而听力理解并不是一个还原的过程,而是一个重组的过程,即使还原也是重组后的还原,否则,就是一字不漏地重复出来了,也未必就能证明学生理解了。

(四)听力训练应该听练结合,加强学习效果

听练结合是听力教学中提高听辨效率的一项有效措施。通常采取看、说、写的方式配合听力同时进行。形象或文字跟语音的结合可以帮助语音形式跟语义的联系和构建,帮助语义的记忆和巩固。而说和写则可以从输出的角度加深理解程度,促进听力理解的提高。从信息交流的过程分析,说和写正好与听是一个相反的过程。说和写跟听结合,可以提高听者的注意力,将注意力集中于所听的语音信息,并努力将这些信息与头脑中已经有的语义网络中的信息进行匹配,加速提取信息的效率。

第 ③ 节 听力理解训练方法

在这一节中我们将从语音训练和意义训练两方面介绍听力理解的训练方法。语音训练侧重的是辨音、辨调训练;理解意义的训练以日常交际中最常遇到的时间、数字、位置等的理解,以及介绍、购物等一般性交谈为训练内容,介绍适合不同内容的训练方法。

一、声韵调训练

(一)辨音训练

1. 练习方式及操作方法

(1)辨声(韵)母并画出你听到的声(韵)母

训练目的是辨别发音近似的声母。

ba	pa
bao	pao
bai	pai
bei	pei
bu	pu

操作方法：学生连听两遍录音或教师的朗读，边听边在书上用下画线标出所听到的声母。检查时教师板书出 b 和 p，对答案时点一下儿答案，可以提高准确率和速度。这种练习方式同样可以用来辨别近似的韵母。

（2）判断下列音节与你听到的是否一致

  听：pān 看：bān
     huì   kuì

（3）辨声调并在你听到的声调下画圈

	⁻	´	ˇ	`
bao	○			
mei		○		
yu			○	
lai		○		
nai			○	
fu				○
gei			○	
tou		○		
hai		○		
fei	○			

操作方法：同样是连听两遍，学生边听边做。检查方法：（1）教师问一声的音节有哪些，然后问二声的音节有哪些，以此类推，学生作答；（2）板书或用 Excel 打出表格，请个别学生去完成，老师给出标准答案。

（4）听后填出声母或韵母

听：qù　　　jù　　　zài　　　cài

写：___ù　　___ù　　___ài　　___ài

听：cháng　　chán　　láo　　lóu

写：ch___　　ch___　　l___　　l___

（5）听后写出调号

听：1. bān　　2. páng　　3. hěn　　4. hóng　　5. qīng

写：1.___　　2.___　　3.___　　4.___　　5.___

操作方法：连听两遍，边听边做。教师板书出题号，学生在黑板上写出对应的声调，教师给出标准答案。

（6）听后判断正误

听：lǎo　看：lǎo（√）　　　听：xù　看：qù（×）

听：líkāi　看：líkāi（√）　　听：hùshi　看：hǔshì（×）

（7）听后标出画线词语的声调

听：我想跟大家一起去。　　看：Wǒ xiǎng gen dajia yiqǐ qù.

听：没有护照不能坐飞机。　看：Méiyǒu hùzhào bu neng zuò fēijī.

听：我买圆珠笔。　　　　　看：Wǒ mǎi yuanzhubi.

听：你学习什么专业？　　　看：Nǐ xuéxí shénme zhuanye?

听：西班牙语发音难吗？　　看：Xibanyayu fāyīn nán ma?

操作方法：连听两遍，边听边做。听两遍之后，请个别学生在黑板上写出自己的答案，教师给出标准答案。

（8）在横线上填出你听到的音节

Gēge ___（听到：dǎ）dìdi, dìdi kū.

Bàba ___（听到：pà）māma, māma bú pà bàba.

A：Dàifu, wǒ hěn lěng, hái tóu ___（听到：téng）.

B：Kě___（听到：néng）gǎnmào le.

A：Nǐmen kàn ___（听到：hēi）bǎn, ___（听到：dǒng）le ma?

B：___（听到：Dǒng）le.

操作方法：方法同上。

（9）把你听到的音节的序号填在表中

	an	ou	ang	ong	uo	ao	ui	uan	un	uang
zh					5	9				
ch			2						4	6
sh	1						8		10	
r		7	3							

1. shān　　　2. cháng　　　3. róng　　　4. chuān
5. zhuō　　　6. chuáng　　 7. ròu　　　 8. shuì
9. zhǎo　　　10. shùn

（10）判断下列句子与你听到的是否一致

录音：Méiyǒu rén gǎn pèng zhè ge hēi xiāzi.

学生看到：Méiyǒu rén gǎn pèng zhè ge hēi xiázi.（×）

录音：Tā měitiān zǎochén pǎobù.

学生看到：Tā měitiān zǎochén pǎobù.（√）

录音：Qǐng zài zhèr dēngjì.

学生看到：Qǐng zài zhèr dēngjì.（√）

录音：Zhè zhǒng fēngjǐng zhēn hǎokàn.

学生看到：Zhè zhǒng fēngjǐng zhēng hǎokàn.（×）

做这个练习时，学生在听的同时，还要兼顾到看，难度稍大。

2. 训练重点及注意事项

① 在做近似音对比训练时，要遵循最小差别的原则，音节的差别越小越容易混淆，也就越难分辨。例如：j、q、x 和 z、c、s、zh、ch、sh，e 和 o，i 和 ü，ao 和 ou，an 和 ang 等。

② 语音练习适合听两遍录音后再做，不过，具体操作时，每一遍可以有相应的要求。

（二）听辨重音、停顿和语调训练

1. 练习方式及操作方法

（1）听后画出句重音和停顿

Nǐ ʼ kàn guo zhè běn shū ma？
Nǐ kàn leʼ jǐ ge diànyǐng？
你去ʼ邮局寄信吗？
你去邮局ʼ寄信吗？
ʼ你去邮局寄信吗？

（2）听后回答问题，并注意重音

ʼ这是玛丽，ʼ那是王丽。
问：ʼ这是谁？（或ʼ那是谁？）

ʼ王记者是我朋友。
问：ʼ谁是你朋友？

这些ʼ都是我的同学。
问：这些ʼ都是你的同学吗？

那种水果叫ʼ草莓。
问：那种水果ʼ叫什么？

对不起，他们ʼ不在。
问：他们ʼ在吗？

（3）根据句重音提问

我星期天去ʼ银行。
问：你星期天去ʼ哪儿？

我ʼ星期五去图书馆。
问：你ʼ什么时候去图书馆？

星期天我ʼ不跟朋友一起吃饭，我跟ʼ全家人一起吃饭。
问：星期天你ʼ跟朋友一起吃饭吗？

晚上我ʼ常在图书馆学习，ʼ不常在宿舍学习。
问：你晚上ʼ常在宿舍学习吗？

他身体很好，ʼ很少去医院。
问：他ʼ常去医院吗？

（4）听后标出停顿的部分，并跟读

后来，我想 | 也可以坐出租车 | 先去西单，再从那儿 | 坐旅游车去世界公园。

他说 | 以后他干好了 | 一定好好感谢我。

你再好好想想 | 会不会放在别的地方。

你不是说 | 都找过了吗?

我对友情的看法 | 跟她不一样。

操作方法：听两遍后，问学生重音或停顿的位置在哪儿。对的加以肯定，错的教师再读一遍，再给出标准答案。

（5）标出下列句子的语调（↗表示疑问、惊讶；→表示陈述；↘表示不满和不屑等）并跟读

你怎么这么晚才来? ↘

两位老人都退休了吧? ↗

精神生活特别重要，→精神不好，身体很快就不行了。→

情况哪有你说得那么糟糕? ↘

A：你儿子学习怎么样? ↗

B：他学习不怎么样。↘

学生做完以后，教师要对学生说明每种语调表示的语气。

2. 训练重点和注意事项

在进行辨音、辨调训练时，应该尽量将重音练习放在有意义的句子中进行；在学生的词汇量有限时，可以采用拼音呈现。

二、理解意义的训练

理解听力材料的意义是听的最终目标。理解意义除了要具备准确的辨音能力以外，语言基本知识的熟悉程度，以及理解能力和理解策略起着非常重要的作用。善于学习的学生一般都有一套比较优秀的学习策略。对于语言技能中最难的技能——听力理解来说，策略显得尤为重要，在学习的初期就应该得到重视。能力训练要特别注重猜测能力和跳跃障碍能力。

（一）数字理解训练

1. 练习方式及操作方法

训练听数字要根据数字的特点进行，电话号码、门牌号码、航班号，这类数字比较容易理解，是单纯记忆的训练内容；大数字、数量、重量、身高、价钱等

有一定理解难度,需要一定方法的训练。教师可以有步骤地从快速反应向快速计算分层次地进行。练习方式有以下几种:

(1) 用数字记录下你听到的内容

学生边听边用数字记录。这项练习可以训练学生的快速反应能力和理解能力。

一米七(1.70)　　　三十三块二(33.2)　　　两公斤半(2.5)
一百二(120)　　　两千四(2400)　　　一万五(15000)
两万零五十(20050)　　十万一千(101000)　　十二万(120000)

(2) 听句子,选择对应的图片

这项练习通过所听信息与直观图形的对应来训练学生的快速反应能力。学生在听到句子后,要立即做出选择。

听:现在差一刻三点。

(1)

(2)

听:现在六点十分。

(1)

(2)

听:玛丽的生日是十月二十五号,她姐姐的生日是四月二十五号。
问:玛丽的生日是几月几号?

(1)

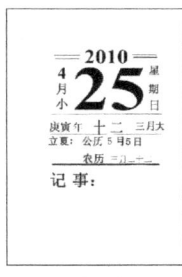
(2)

（3）听后判断

①根据图片进行判断

边听边看图。学生听两段内容相近的话，听后说说图与哪段录音内容相符。

这项练习与一般听后判断练习不同，它不是简单的意义正确与否的判断。该练习既涉及语言理解，还涉及将句子意思与图画进行对应，同时还要求记忆，是一项要求比较高的综合性练习。

第一遍听：画上有两条鱼，一棵树。树上有两个人和两只鸟。女孩在左边。

第二遍听：画上有一条鱼，一棵树。树上有两个人和两只鸟。女孩在右边。

②听对话判断正误

学生边听对话，边看判断正误题，边听边做。

男：你好，你在这个学校学习吗？

女：对，我是2012班的学生。你呢？

男：我也在这儿学习，我是1012班的学生。

女：你认识罗兰吗？她也在1012班。

男：认识，她是德国人，对吗？

女：对，她是我朋友。

A. 这两个人不在一个班。（√）

B. 女的的朋友和男的在一个班。（√）

C. 他们都认识 LUO LAN。（√）

D. 男的在2012班学习。（×）

（4）边听边填表并计算

听两遍录音，每听一遍后都进行检查，要求学生边听边做。这项练习既训练学生的理解能力，又可以训练反应速度。

这是一个商店的东西和价钱，边听边填表：

苹果十五块钱一公斤，香蕉九块钱一公斤，面包六块一个，啤酒四块五一瓶，茶叶七十八一公斤，咖啡八十八一瓶。玛丽买两公斤苹果，三公斤香蕉，两个面包，十瓶啤酒，一斤茶和一瓶咖啡，她一共花了多少钱？

商品名称	苹果	香蕉	面包	啤酒	茶	咖啡
单　价	15	9	6	4.5	78	88
数　量	2	3	2	10	0.5	1
合　计						

（5）听后计算

因为要计算的项目不多，这项练习可以变为训练反应速度的练习，即听完一遍录音后，要求学生立即回答。

① 小强 1.82 米，小明比他矮 10 厘米。

问：小明多高？

② 这 3000 个学生不都是北大的，也有清华和北语的。清华的有 980 人，北语的有 220 人。

问：多少学生是北大的？

（6）写出下面一段话中的数字

下面要听的一段话中含有大量的生词，但是听此段的目的是要辨别出数字，所以尽管生词多，也不影响学生完成练习。这样的语料内容可以有效地训练学生从语流中辨别数字的能力，同时也是一项很好的快速反应能力的训练。要求学生边听边记录下听到的数字。

中国简介

中国领土辽阔，陆地面积九百六十万平方公里。

她的行政区划是：二十三个省、四个直辖市、五个自治区和两个特别行政区。

中国有五十六个民族，其中人口在一百万以上的民族有十七个。

中国历史文化名城有一百二十三个,国家重点风景名胜区二百二十五处。

北京是中华人民共和国的首都,面积一万六千八百平方公里,常住人口大约两千多万。

北京是中国历史文化名城,有三千多年的悠久历史,从十二世纪中叶起,作为历代都城八百六十余年。一九四九年十月一日,中华人民共和国开国大典在天安门举行,从此北京成为新中国的首都,全国政治、文化和对外交往的中心。

操作方法:可以做快速反应练习。听一遍录音后,看看谁记录的数字最多;教师可以简单地做个表,听第二遍后,让学生去完成。

比较难理解和记忆的是万以上的数字,为了帮助学生快速准确地理解大数字,听前教师可以向学生讲授一些记录大数字的方法。听到万以上的数字时,先记下所听内容,如11万、25万,就直接记录11万、25万,那么"万"有五位数,所以在"11"和"25"的后面加上4个零,这样可以提高理解速度。老师应该检查学生的记录,以督促学生养成记录的习惯。

2. 训练重点和注意事项

听带有数字的内容时,要求学生养成边听边记录的习惯,最简单的记录方法是利用练习题,如果练习为四个选项和判断正误,就在题目旁边做一些标记或简单写一两个字,如前面所举的几个练习可以这样记录:

(3)② A(√)、B(√)、C(√)、D(×)

(5)①(1.82 - 10) ②(3000 - 980 - 220)

(二)位置和路线理解训练

位置和路线的句子因为与外语表达习惯不同,常常成为听力理解的难点,有时即使可以理解,但因为所说明的位置和路线比较复杂,很难记住,所以听辨位置和路线的训练关键在于调动学生动手的积极性。所谓动手就是要边听边记、边听边做、边听边画图。启发学生寻找最简捷的记录方法,并促进学生之间关于学习方法的交流。

1. 练习方式及操作方法

(1)听录音填图

听录音之前,教师先根据录音内容画出一幅简单的图,图上画出录音中提到的一些建筑，学生理解后将这些建筑的名称标出来。

例：看图听下面一段话，请你标出邮局、小商店和二号楼在哪儿。

星期天你去我们家玩吧。去我们家可以这样走：坐101路公共汽车在中国饭店下车，一直往东走，大约两百米左右，在路口有一个邮局，从那儿往南走一分钟左右是一个小商店，它的东边有几座一样的宿舍楼，从西到东是一号楼、二号楼、三号楼和四号楼，我们家就在二号楼的三门504号。

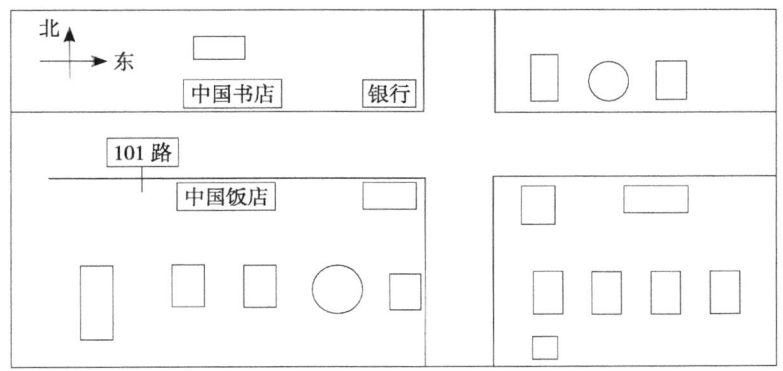

（2）边听边记，边听边画图

这是培养学生用示意图做记录的一项练习。学生根据自己的理解，画出符合录音内容的一个简单路线。这种记录方式的训练，可以有效地提高听力理解效果和速度。

去科技大学往东走，到第二个十字路口右拐，马路对面就是。

问：科技大学的位置是在

　　A. 十字路口的东北边

　　B. 十字路口的西北边

　　C. 十字路口的东南边

　　D. 十字路口的西南边

操作方法：听后请学生在黑板上画出去科技大学的路线和科技大学的位置。

（3）看图，边听边找出位置

学生在找到位置后，可以用指示箭头标注，或用数字标出听到的位置的先后顺序。边听边找位置的练习因为需要边听边看边找，理解的难度有所增加。下面这个练习配的图比较复杂，适合水平高一些的学生练习。

例：请看地图，找到西校门

先让我们来确定办公楼的位置，它正对着西校门，紧挨着未名湖。办公楼的西北边的那栋楼是外文楼，与外文楼平行的南边的那栋楼是化学北楼。

想借书吗？从南大门数起，挨着主马路左侧的第五栋楼就是图书馆。图书馆的正东，主马路右侧，有三栋并列的楼，中间的为地学楼，北边的为文史楼，南边的为化学楼。

主马路的尽头，与文史楼相对的是生物楼。从图书馆大门出来，往北看，正对着你的那栋楼是第一教学楼。

……

操作方法：以上两个练习侧重的是对说明位置和路线表达的理解，语言掌握

得好,理解得正确,自然能够很快确定要找的目标,所以教学的重点应该放在相应的汉语表达上,例如:

在……下车,一直往东走,大约两百米左右,在路口有……,从那儿往南走一分钟左右是……,它的东边有……,从西到东是……。

听前教师可以带着学生学习或复习其中的介词短语,为听力理解做一些准备。

(4)听后回答问题

这个练习可以采用口头形式,也可以采用笔头形式。不管是哪种形式,教师都要要求学生边听边做记录,听后可以让学生交流一下儿自己的记录,大家评出最简洁明了的记录方法。下面给出的记录方法,仅供参考。

去五洲宾馆坐323路,到四道口下车,换27路,坐三站,下车后往前走大概100米就是。

问:去五洲宾馆怎么坐车?

答:323　　四道口 27-○-○-○→100米

(5)听后选择正确答案

学生听的时候,选项是可以看到的,此时选项就具备了一定的提示作用。学生可以边听边把选项看做是一个个判断正误的练习,边听边用"×"和"√"作出判断,或在选项旁边做一点儿记录,以便做练习时参考。教师应在听前向学生说明如何利用选项,指导学生做的方法。

①洗好的衣服在你的床上放着,你把它们放到柜子里去吧。

问:下面哪个对?

A. 衣服还没洗　　(×)

B. 衣服在柜子里　(×)

C. 衣服在床上　　(√)

②桌子上这本画册是图书馆的,你那本我已经放回书架里了,你看看有没有。

问:应该在哪儿找他的画册?

A. 桌子上(×)　　B. 书架里(√)　　C. 图书馆(×)

操作方法:对于用趋向补语表示的位置关系,有些是学生比较容易理解的,例如"走进去"、"跑出来",有些则要靠教师不断地给学生积累。遇到一个新的表达法时,教师可以举一两个类似的例子,带着学生理解其意思,学生领会以后,再听录音。这种练习重在培养学生联想推测能力。在对待含有趋向补语的听力内容时，我们就可以这样做：

第一步：复习趋向补语。

举例说明带"到"、"回（来）"、"回（去）"、"出来"的句子的意思，包括强调理解重点。

第二步：用类似的题目进行强化训练，多向学生提问动作发生位移以后的位置，如"我看见小王跑上楼去了"，这句话传递的信息是：（1）小王现在在哪儿；（2）小王刚才在哪儿。当然还有第三个信息，即上楼的动作，因为不是训练理解的目标，无需讲授。

① 小王，下雨了，别人都进屋去了，你怎么还站在这儿？

  问：小王可能在哪儿呢？

   A. 屋子外边   B. 屋子里边

   C. 楼里边   D. 车上

② 小李的爸爸从北京打来电话，说下个月要去广州，然后来上海看他。

  问：小李在哪儿呢？

   A. 北京   B. 广州   C. 香港   D. 上海

③ 男：上个月小王借去的那几本书还回来了没有？

  女：还来了一本。

  问：下面哪句话是对的？

   A. 小王上个月借了他们几本书   B. 他们上个月借了小王几本书

   C. 小王借了他们一本书   D. 小王还有一本书没有还

2. 训练重点和注意事项

位置和路线的训练重点是对位置变化后的理解，也就是对汉语趋向补语语法的理解。要确定理解焦点，通过一定的干扰项迷惑学生，这点很重要。而对于路线题目的练习，则要避免信息的复杂化，一次记忆的内容不能太多，不要难为学生，以免打击学生的积极性。

（三）语言点理解训练

所谓语言点是指语法点、习惯用语和口语表达式，它们常常构成听力理解的障碍。其实语言点的训练跟其他听力理解项目的训练在方法上可能差不多，之所以特别提出来，是想提醒教师在听力理解训练时，有意识地强化一下儿。

1. 练习方法及操作

(1) 根据指令做事

学生听到一句话,根据这句话传达的意思去完成相应的动作。这项练习旨在理解语法形式,如结果补语的意义。

请把书打开。

请把书合上。

请关上窗户。

请打开窗户。

请把书翻到第 17 页。

请把这些句子写在本子上。

请把作业本放在桌子的右边。

请把桌上的东西收拾好。

×××,请你把这段课文念完。

请大家拿出一张白纸,用红色的笔画一个大大的心,再在里面写上"我喜欢你"四个字,然后把它交给你前边/后边的同学。

(2) 听上句,选择下句

句与句之间存在一定的逻辑关系,学生听懂上句,能够自然联想和预测到下句的内容。教师说,学生听后选择。

① A:今天的天气真好。

B_1:可不是,咱们出去逛逛吧。

B_2:可不是,我没听天气预报。

② A:秋天的天气真好。

B_1:是啊,秋天的水果也多。

B_2:是啊,秋天是最好的季节。

③ A:要是一年四季都是夏天就好了。

B_1:我喜欢热。

B_2:我也喜欢夏天。

④ A:大门旁边有一个信筒。

B_1:好,那我把信放那儿去。

B_2:出门就看见了。

⑤ A：我的老师说他家有你要的书。

　　B₁：你可以去他家拿。

　　B₂：他家离这儿太远。

（3）听后选择正确答案

下面三个练习的理解重点在语法点"比较句"、"正在……呢"和惯用语"丢三落四"上，从三个练习的选项中都能够捕捉到一些相关的信息，学生听之前，如果能够迅速浏览一下儿选项，将有助于他们预测理解重点。

① 我刚买了一辆新车，比以前那辆贵一万多块，颜色跟原来那辆一样，是白色的。

　　问：下面哪句话是对的？

　　A. 新车比以前的那辆贵　　　　B. 新车一万多块钱

　　C. 以前那辆车一万多块钱　　　D. 以前那辆车不是白色的

② 女：小王，昨天的足球比赛看了吗？北京队这次踢得比以前好，不过还是上海队赢了。

　　男：咳，家里只有一台电视，足球比赛的时候我姐姐正看一个电视剧。

　　问：下面哪句话是对的？

　　A. 小王昨天看电视剧了　　　　B. 昨天的足球比赛北京队赢了

　　C. 小王昨天没看足球比赛　　　D. 小王的姐姐看足球比赛了

③ 你看我真是丢三落四，回到家才发现钥匙落在办公室了。

　　问：下面哪种情况对？

　　A. 她在办公室呢　　　　　　　B. 她在家找到了钥匙

　　C. 她家的钥匙在办公室　　　　D. 办公室的钥匙丢了

操作方法：听之前让学生快速阅读一下儿选项，从中发现理解的焦点，然后集中注意力去听。例①的选项中有"比"、"以前的"，看到这些学生就会对要听的信息进行一个预测。而对"丢三落四"的理解，除了可以通过选项预测外，还可以借助"落"的意思，训练学生猜测的能力。

（4）听录音，选择意思相近的说法

① 你最好买厚的。

　　A. 你还是买厚的吧　　　　　　B. 你买厚的不好

　　C. 你买厚的最好　　　　　　　D. 厚的是最好的

② 你买大的还是买小的？
  A. 你买大的和小的吗？ B. 你是不是买大的？
  C. 大的小的你都买吗？ D. 你买大的呢？还是买小的呢？

2. 训练重点及注意事项

  训练重点是语言形式，所以训练的语料要选择有明显汉语特点的、外国学生不易掌握的，或是容易混淆的习惯表达。选择习惯用语时应遵守常见性和实用性原则。

（四）短文理解训练

  短文由于有一定的长度，随着信息量的增加，听者就可以逐渐了解短文内容的背景，并借助背景去理解和猜测未听懂的部分。所以理解短文的训练与理解单句或是小对话有所不同，应该将训练重心放在抓关键信息、理解短文大意和联想猜测能力的培养上。根据听力语料特点确定训练的技能，比较容易的语料可以做记忆和复述训练，对于有一定难度的语料可以做理解大意的训练，语料中有生词或是不熟悉的表达方式的时候，可以做联想猜测训练。另外进行短文训练时，要有一定层次。第一层为理解大意，第二层为语料细节的理解。

1. 练习方法及操作方法

（1）听后填表

  这是一项抓关键信息的理解训练。通过列表的方式，提醒学生注意关键信息，并在听音的过程中注意捕捉。

  上述人员需要35岁以下，性别不限，大专以上学历，身体健康，品貌端正，有北京市正式城市户口。有意者请于3月10号前将本人履历、身份证复印件及应聘岗位等个人资料寄至中央人民广播电台广告部，并请在信封上注明"招聘资料"字样。地址：北京市复兴门外大街2号。邮政编码：100866。联系电话：010-66092255。

年龄	性别	学历	户口要求	招聘单位

（2）听后填空

  这项练习也适合作为抓关键信息的训练方法。将短文的关键信息挖掉，由学生填写。

谢觉东是一名_____（律师），他每天都很_____（忙），他觉得律师工作很累。朋友问他为什么不_____（换）一个工作？他说他喜欢这个工作，因为工作很有意思。他觉得他的那辆车太旧了，刚换了一辆新的，新车还是_____（蓝色）的，很漂亮。

注意每个空儿之间要留有一定的距离，不能太密，要给学生留出写的时间，另外，要填写的内容也应该是理解的焦点。

（3）用数字把事情发生的顺序标出来

方法是将短文的主要事件打乱顺序，一个一个排列起来，让学生按照原文排出顺序，并标在括号里。这项练习可以训练学生边听边看的能力和短时记忆能力。

原文：

妈妈，我做早饭吧！

妈妈，今天是星期天，您先别起床，好好儿休息吧。您从星期一到星期五一直工作，太辛苦了。

今天我去做早饭，做好了给您拿到这儿来吃，好吗？

我先去热牛奶。妈妈，牛奶放在哪儿了？——厨房的桌子上。哎，找到了。

妈妈，牛奶热好了！哎呀，碗摔破了，牛奶全洒了。

妈妈，您不用起来，我打扫吧。哎呀，我的手扎破了，哎哟，哎哟，我自己拿药吧，哎哟，真疼啊！

嘿嘿，妈妈，您做的面条儿真好吃！我还想再吃一碗。

排序：

（　）手扎破了
（　）去厨房找牛奶
（　）打扫摔碎的碗
（　）吃面条儿
（　）碗摔破了

（4）听后连线

这项练习可以作为抓主要信息的练习，也可以作为记忆能力的训练。

将短文的主要人物与他们所做的事或观点分成两列，或者是将事件和结果分成两列，学生听后，把两列中相关的内容用一条线连接起来。练习的目的是理解短文大意，以及快速理解。

在哪儿买房子合适

我最近想买一套房子,可是买城里的房子好还是买郊区的好呢?我妻子觉得买城里的好,离工作的地方近,上班很方便;还有呢,城里的学校比郊区的好,孩子可以上好一点儿的学校;城里的商场也比郊区的多,买东西方便,也可以经常逛逛商场。可是我觉得城里的房子价钱太贵了,比郊区的房子差不多贵两三千块钱呢,城里的房子一平方米一万块钱,郊区呢,才七千多块钱左右,要是在郊区买房呢,还有钱买一辆车,这样多方便呀。在城里买房的话,就没钱买车了。而且郊区的空气好,对身体有好处啊!哎,您觉得哪儿的好呢?帮我想想。

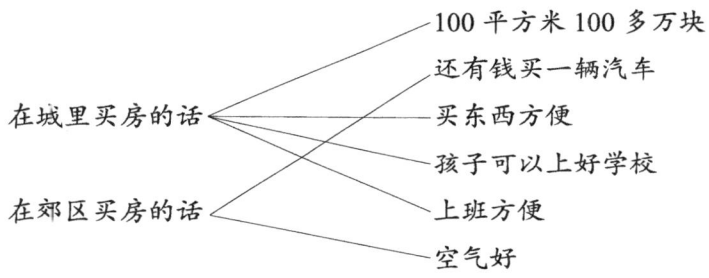

(5)听后写

这是一项训练记忆能力的练习。学生听完短文以后,将听懂的内容写出来。要求学生写得越详细越好。

这个练习也可以改成听后写出大意。

一个妈妈

有兄弟两个,在一个学校、一个班学习,哥哥学习很努力,成绩也很好;可是弟弟学习不认真,每天的作业都是抄哥哥的。

有一次,上作文课的时候,老师让同学们写一篇作文,题目是《我的妈妈》。第二天,写好的作文都给了老师。老师看了以后,觉得很奇怪,就问弟弟:"你写的作文为什么跟你哥哥的一样啊?"弟弟回答说:"我们的妈妈是一个人,当然作文也一样了。"

操作方法:听的时候要求学生做简单记录,连听两遍录音后开始写。

(6)边听边查找

这是一项训练检索听和快速反应能力的练习。给学生看一张地图,或一个启事，或一个电视节目单，让学生根据录音内容找出相应的内容。

问1："东方时空"是哪个电视台的节目？几点开始？

问2："北京新闻"是哪个电视台的节目？几点开始？

问3：《爱情来电显示》是哪个电视台的节目？几点开始？

问4：《我和春天有个约会》是哪个电视台的节目？几点开始？

中央电视台－新闻频道	中央电视台－2经济频道	上海东方卫视
9：00 新闻直播间	13：05 天下天天谈	7：00 看东方
12：30 法制在线	17：35 聚星坊	9：00 阳光下成长
20：00 东方时空	18：30 北京新闻	19：30 东方影视盛典
21：30 新闻1+1		21：20 幸福魔方
		23：00 我和春天有个约会
中央电视台－2经济频道	北京电视台－4影视频道	
15：28 经济半小时	11：33 爱情来电显示	
16：33 交换空间	17：00 生死博弈	
20：00 经济与法	18：55 超人马大姐	

操作方法：听后学生迅速圈出答案。

（7）听后选择正确答案

在听短文时抓住一段话的主题句对于理解短文、跳越障碍有很大帮助。教师可以先讲授一下儿抓主题句的方法，这通常要讲述一下儿汉语的篇章结构特点，如演绎法，其主题句常常位于段落的开始，归纳法则主题句往往位于段落的最后。选择正确答案可以配合这项训练进行。

大卫的皮鞋前边张开了大嘴，他想买双新的。朋友告诉他这双鞋修理一下儿还能穿，并带大卫来到修鞋的地方。大卫问修鞋的师傅："修这双鞋多少钱？"师傅伸出五个指头。大卫说："啊？五十块？"师傅笑了笑说："是五块！"大卫听了，高兴地坐下了。穿上修好的鞋，大卫对朋友说："这比买一双新鞋合算多了。"

问：这件事主要告诉我们什么？

A. 大卫想买一双新皮鞋　　B. 中国有很多修鞋的地方
C. 修一双皮鞋五块钱　　　D. 修鞋比买鞋便宜

科学家说：吃早餐能增强一天的记忆力。研究发现，那些没吃早餐的孩子，在回忆和使用新知识方面，没有那些吃早餐的孩子好。而且他们的口头表达和短时间记忆也不如吃过早餐的孩子。同样的结果不但在营养不好的儿童身上发现，而且也在营养情况很好的儿童和成人身上出现。

问：这段话的主要意思是什么？
A. 早餐能增强记忆力　　　B. 早餐有助于健康
C. 早餐对儿童很重要　　　D. 早餐可以增强表达能力

（8）听后整理笔记

在训练听比较长的语段时，光靠脑子记忆是不够的，应该培养学生做笔记的习惯。在学生记录前，可以向学生讲授一下儿汉语篇章结构知识，以便学生记录重点。如一些文章中使用一些起承转合的标记性词语或小句。例如，记叙性篇章中，常以表示时间顺序的词语"起初"、"然后"、"后来"、"末了"、"结果"、"最后"等，连接一系列的动作。在议论性的语篇中，常用"关于……"、"有人说……"等词语来提出问题，用"首先"、"其次"、"再次"、"一是"、"二是"、"最后"等词语来表示论证的结构层次和所罗列事项的重要程度，用"比方说"、"以……为例"、"具体而言"、"换言之"等来解释所阐明的观点，用"总之"、"一句话"等来表示结论。

在以记叙事件为主的篇章中，篇章的开头部分往往对时间、地点、人物等方面作出交代，中间部分主要叙述事件的发展，结尾处描写人物或事态的结局或给人的启示。在发表议论时，文章的主要信息是作者提出了什么问题，说明问题的论据是什么，最后得出了什么结论。对于有着完整的逻辑结构或论题的语篇来说，其结构是有条理、上下连贯和前后一致的，其结构的组成也是有基本规律可循的。较长的语篇通常都有开头、中间、结尾等部分，语篇的主要信息常常也就通过这种清晰的结构明确地揭示出来。了解这些特点，对抓主要信息有一定帮助。

买 笔

我是一名记者,身上总是带很多笔,因为一支笔很快就用完了。有一天,我的笔又都用完了,正好同事小李要去商店,我就请他帮我买笔,我对他说:"请你帮我买12支笔,我不喜欢黑色的,不要黑色,你一定要记住,别买黑色的。"

过了一会儿,他回来了。也给我买来了笔,我打开一看,十二支笔全是黑色的!

我对他说:"我不是说不要黑色的吗?"没想到小李说:"你说了好几遍黑色、黑色、黑色,黑色这个词印象太深了,我就记住了黑色,所以一进商店,我就找黑色的。"

唉,这也不能怪他。要是我请他买笔的时候,说话简单一点儿:"请你帮我买12支笔,蓝色的。"我想这样的话,他大概就不会买错了。

从那以后,说话或者写文章,我都是能简单就简单,不说没用的话。

这段话的关键信息是由下列词语提示的:"有一天"、"过了一会儿"、"唉,这也不怪他"、"从那儿以后"。听录音之前,教师可以将提示词给出来,以便提醒学生注意这些词语引出的重要信息。

练习方式可以采用选择正确答案,也可以采用判断正误。如果要增加答题难度的话,还可以采用回答问题的方式。

自行车和汽车

以前,人们说北京是一个"自行车的城市",一点儿没错。以前北京的自行车非常多,差不多每三个人就有一辆自行车。人们喜欢骑自行车是有原因的。

第一个原因就是自行车便宜。一般一辆自行车三四百块钱,所以一般的家庭都有一辆或者几辆自行车。

还有就是自行车方便。人们不爱坐公共汽车,因为它不太准时,有时候等半天都不来,特别着急,这样上班不就迟到了吗?碰上堵车的时候就更麻烦了。自行车没关系,只要准时从家里出来,就能保证上班不迟到。碰上堵车,汽车都不能走了,自行车仍然可以走。

我觉得还应该有一个原因，就是骑自行车可以锻炼身体。现在人们工作都很忙，很多人没有时间去操场、体育馆锻炼身体，骑自行车不是一种很好的锻炼方法吗？

　　骑自行车有这么多的好处，人们为什么不骑自行车呢？

　　最近这些年，城市越来越大，汽车也越来越多，不过还是有很多人喜欢骑自行车。

　　这个短文的关键信息是靠下列提示词语给出的："北京是一个'自行车的城市'，一点儿没错"、"第一个原因就是"、"还有就是"、"我觉得还应该有一个原因"。

　　练习方法同例1。

　　2. 训练重点及注意事项

　　随着听力材料长度的增加，听力理解的难度也随之增加，学生感觉最明显的是听懂了、记不住，还有就是语料中听不懂的词增多了，理解障碍多了，此时，听力技能的培养就显得尤为重要。比较重要的技能就是联想猜测能力、边听边记能力和预测能力，应引导学生运用"自上而下"的认知方法，克服逐字逐句听的习惯，加快理解速度，提高理解效果。

　　要注意的问题就是控制好听力语料的难度，既不能过易，也不能过难。如果语料不是自己可以选择的，那么教师可以通过设计练习，调整语料的难易度。

三、听力策略的训练

　　培养听力策略的问题在本章第二节中曾提到过，现在我们就来谈谈在教学中如何培养听力策略。

　　一般来说在授课之前和听力活动开始之前，教师应该向学生传授听力策略，说明使用听力策略的重要性，培养学生使用策略的意识。与第二语言聆听关系密切的策略有以下六个：

　　预估：预测聆听中可能出现的重要信息和意见。

　　推理：根据不完整或不充分的信息推理完整的信息。

　　监督：监督自己在聆听时的表现，包括策略的使用。

澄清：为了更好地理解，就必要的信息作出提问。

回应：对听到的信息或意见作出个人化的响应。

评价：查验自己的理解程度，以及聆听的目的是否达到。

在实际听力理解训练中，不是所有的策略都有适合的训练项目。这里我们主要针对"预测"和"推理"策略提供几个训练方法。我们把这样的训练称为"预测"训练和"猜测"训练。具备了预测和猜测能力，可以有效地降低焦虑感，缩减信息加工的时间，从而提高理解效率。

（一）预测

1. 练习方法及操作

（1）学生先读题

有时候选择正确答案的选项可以透露出听力材料的一些信息，而听后判断正误提供的信息更多，听之前如能快速浏览一下儿练习题，不仅可以降低焦虑情绪，还可以使自己对要听的语段心中有数，提高理解效率。

我的爷爷

我的爷爷已经七十多岁了，但是他从来不觉得自己老了，每天还坚持锻炼，人们都说他是"健康老人"。

我爷爷每天早上六点就起床，起了床就出去散步。我们家附近有一个小公园，他每天都散步散半个小时到那儿。到了公园，找一个安静的地方，打半个小时左右的太极拳。我爷爷年轻的时候就会打太极拳，坚持打了四五十年了。打完太极拳，就去公园别的地方找他的那些老朋友，他们也是来公园锻炼的。锻炼完了，大家就在一起聊聊天儿，有的人喜欢唱京剧，早上来公园练练嗓子，爷爷有时候也和他们一起唱唱京剧，他觉得跟这些老朋友在一起，心情非常愉快，所以每天都要和这些老朋友见面。跟这些朋友聊半个多小时以后，他再散步回家，回到家，早饭也做好了，他就开始吃早饭。

听我爷爷说，他六十岁以前，每年冬天还坚持游泳呢，叫"冬泳"，每天下午游一个小时左右，对身体很有好处。

他还有一个习惯，就是从来不抽烟、不喝酒，过生日或者过春节的时候，别人请他喝酒，他也不喝。因为他很注意自己的身体，所以到现在他的身体都一直很好。

根据录音内容判断正误。

1）爷爷已经七十几岁了。　　　　　　　　　　　　（　　）
2）他每天起床以后就出去散步。　　　　　　　　　（　　）
3）爷爷打太极拳已经打了五十多年了。　　　　　　（　　）
4）爷爷现在每天游泳游半个小时。　　　　　　　　（　　）
5）爷爷不抽烟、不喝酒，不过过生日或者过春节的时候也抽一点
　　儿烟、喝一点儿酒。　　　　　　　　　　　　（　　）

（2）带领学生一起猜测录音可能涉及的内容

① 给出要听的短文题目：介绍一个女朋友。学生一起说说给人介绍男女朋友时一般会关心的问题。

② 听录音

介绍一个女朋友

女：老李，我们医院来了一个年轻大夫，叫张明，还没女朋友呢，你们学校有没有合适的女老师，给他介绍介绍。

男：他多大了？

女：29岁了。

男：比我们学校的刘老师大两岁，年龄还比较合适。他是哪儿的人啊？

女：上海人，他的爸爸妈妈还都在上海呢。

男：哎，跟小刘一样。小刘在上海出生，十多岁的时候来北京生活，不过她会说上海话。

女：张明去年医科大学毕业以后，来我们医院工作。这个人很好，给病人看病特别认真。爱好也挺多，像唱歌、跳舞、打球什么的，都挺喜欢，还爱好书法，而且写得还不错。

男：是吗？可能跟小刘不太一样，小刘业余时间爱听听音乐、看看书什么的。张明有多高啊？

女：大概有一米八吧。

男：啊？这么高啊！比小刘高20公分呢。

女：没关系，你觉得不合适，也许他们自己觉得合适呢。

男：好，那我明天先跟小刘说说吧。

③根据录音内容选择正确答案

  1）A. 张明 29 岁，小刘 31 岁
   B. 张明 29 岁，小刘 27 岁
   C. 小刘 29 岁，张明 31 岁
   D. 小刘 29 岁，张明 27 岁   （ ）

  2）A. 三十多年
   B. 二十多年
   C. 十多年
   D. 几年   （ ）

  3）A. 张明一米八，小刘一米五
   B. 张明一米八，小刘一米六
   C. 小刘一米六，张明一米八
   D. 小刘一米六，张明一米五   （ ）

  4）A. 生活习惯 B. 身高 C. 爱好 D. 年龄（ ）

（3）教师先读问题（如果不带领学生一起预测的话）

  1）张明和小刘的年龄分别是多少？

  2）小刘在上海生活了多少年？

  3）张明和小刘有多高？

  4）他们觉得张明和小刘哪方面比较合适？

2. 训练重点及注意事项

  读题是预测的主要方法，教师在让学生读题时，要选择那些能够提供一些听力语料信息的题，因为有的选择正确答案的选项可能不具备这个条件，那样的话即使预测，其预测结果对要听的材料也没什么帮助。如果练习题不能满足预测的要求，就要由教师自己编一些问题、背景介绍等来辅助预测。用来预测的辅助内容一定要有启发性，而且要非常简练。

（二）猜测

  汉语中的复句种类比较多，复句表示的关系有并列、递进、转折、因果、条件、假设、目的、取舍等。复句的关联词，除少数情况可以完全省略以外，大部分复句都会使用完整的关联词语。由于复句的关系是由关联词确定的，关联词就

具备了猜测的功能,从前半句的意思,就可以猜测出后半句的意思,即使复句中存在生词,也不至于整个句子听不懂。

有些副词也有连接句子的作用,像"其实、原来、倒"等,对这些词语的理解也是要训练的内容。

1. 练习方法及操作方法

(1) 听前一分句,猜测后一分句

做这样的训练时,教师读完前一分句后,就停下来,让学生来说后半句。也可以把它做成选择正确答案的练习。

  例1. 男:这首歌我们年轻的时候都会唱,现在没有那么流行了。
    女:我觉得还是以前的歌好,不但歌词写得很好,<u>而且音乐也很美</u>。
  例2. 女:这个周末你能跟我回妈妈家吗?
    男:<u>要是公司不加班</u>,我就跟你回去。

(2) 提问语气

反问句的语用功能表示的是否定的语气。它的语音特征很明显,语调上带有惊讶的语气时为升调,一般都为降调,听力训练可以借助这两个特点进行。

另外一些语气词也表达特定的语气,如:"咳"和"她呀"要引出的是不愉快的事情,是不满的语气,而且使用降调,了解了这一点,只要听到"咳"和"她呀",就能猜测出一半了。这种语气的语用功能是应该由教师向学生传授的,教师不讲,学生不会主动意识到它。一旦他们掌握了这个知识,他们就可以凭借这个语气去猜测句子要说的内容了,即使后面的话里面有生词,他们也会沉着应对。有不满功能的语气词还有"别提了",另外还有"哟"表示惊异,"哪儿的话"表示否定等。如果我们在教学中把这些知识一点一点地给学生积累起来,对于提高听力理解能力来说,是能收到事半功倍的效果的。

  例1. 我不帮你,难道你一个人能完成吗?
    问:说话人是什么语气?(怀疑的语气)
  例2. 男:我说得不好,还是你说吧。
    女:我知道你就是不好意思说,像你这样,什么时候才能学好?
    问:第二个人是什么语气?(不满)

例3. 我的照相机刚换的电池,怎么又没电了?

　　问:说话人是什么语气?(不理解)

例4. 男:这房间这么冷,你怎么能在这儿住啊?

　　女:我住的时间不长,另外,这儿比较方便,走路去教室只要十几分钟。

　　问:第一个人是什么语气?(不理解)

例5. 开窗户的时候注意点儿,哎呀,我正要说别把花儿碰掉,你就碰掉了。

　　问:说话人是什么语气?(不满)

例6. 男:这次因为什么被罚?

　　女:咳,没系安全带,平时也常不系,都没事儿。

　　问:第二个人是什么语气?(不满)

例7. 男:林丽这次比赛怎么才得了第四名?

　　女:她呀,有点儿成绩就不努力了,每天练习的时间很少,还常跟朋友去歌厅、舞厅。

　　问:第二个人是什么语气?(不满)

例8. 别提了,我们赶到车站时,火车刚开走。

　　问:说话人是什么语气?(不高兴)

(3) 提问说话人的关系

与理解语气和态度相同,理解说话人的关系也是靠抓关键词语。

例1. 男:这位女士,对不起!我们这儿已经住满了,您到别的地方看看吧。

　　女:请您介绍介绍这儿附近哪儿还有便宜点儿的饭店。

　　问:这两个人是什么关系?

例2. 男:做这么多菜,今天有客人吗?

　　女:怎么把自己的生日都忘了?快洗洗手过来吃饭。

　　问:这两个人是什么关系?

例3. 女:这件毛衣太贵了,我就带了100块钱。

　　男:这种毛衣都卖150块钱,一看你就是个学生,好吧,你就给100块,我们做个朋友吧。

问：这两个人是什么关系？

例1对话中的两个人一个是饭店服务员，另一个是想住店的人。这两个人的关系是通过"住满了"和"到别的地方看看吧"分析得出的。例2中对话的双方应该是夫妻，至少是家里人，那么我们是怎么确定他们的关系的呢？就是通过"有客人吗？"这样一句询问得出的。这两个例子中，对关键部分的理解是有共性的，也就是说，不管哪个国家的人，都是这样理解的。但也有一些非共性的，独具汉语表达习惯或属于中国人自己的认识范畴的概念。例3是一段买东西的对话，我们中国人听到"就给你100块吧"这句话，就可以知道说话的人是小商贩，为什么呢？因为我们都有讨价还价的经验，小商贩们总是用这种方式来说服顾客买他的东西，还有这里面的"给"也是在买东西时常说的词，不过对于外国学生来说就不很熟悉它了。

2. 训练重点及注意事项

训练重点是抓关联词和语气词，特别提醒学生注意语气词的语音特色，从语气词就能判断出说话人的意思是训练的最高境界。听复句时教师可以只让学生听一个分句，让学生去猜另一分句可能会说什么，或是人为制造噪音，故意让学生听不清楚需要理解的那个词，然后让学生猜测。听反问句后，要求学生根据语调迅速作出反应，比如听到"难道你一个人能完成吗？"马上说出："你应该……"，下一步如果对话或句子中有障碍的话，让学生借助否定的语气进行猜测。

关键词语的处理最好先讲授再听。当然，如果上下文中提供了猜测的线索，则可以在听后再解释。在检查学生掌握和理解效果时，可以通过让他们说出关键词，来了解学生的理解依据。

本章小结

本章介绍了语音和意义的听力理解训练方法,重点放在意义的理解训练上。根据外国人学习汉语的规律,我们又把意义的训练分为了两部分,即语法理解训练和短文理解训练。

语音和意义理解训练在训练时,前者侧重对比,后者侧重理解。

语法和短文的理解训练,虽有相似之处,但语法训练除了比较常见的判断正误和选择正确答案的练习方式外,更多的是边听边做的练习方式。短文的理解训练侧重抓重点信息和记忆的训练,训练方法上也增加了排序、听后整理笔记这样的练习方式。

除了听力技能的训练以外,本章还把听力理解策略作为一项重要的内容提出来,介绍了一些培养方法。听力策略有很多,我们只重点谈了排除焦虑、节省信息加工时间和培养动机与意识三方面的策略。这三方面的策略对听力理解效果影响比较大,因此我们认为应该特别加强训练。

各种训练项目的方法看似不同,其实有时候也会有异曲同工之效。训练手段并非一成不变的,使用起来不要墨守成规。方法是随着训练目的和任务而定的,所以重要的是应该有一个明确的训练目的,根据具体的任务来选择适合的训练方法,这才是我们写作此章的目的。

以听带说，以听促说的训练

第3章

第 1 节 听说训练的理论依据

作为交际技能中最重要的两个部分——听与说有着密不可分的关系，听与说在语言习得的过程中进行的是一种互动的活动，听和说的互动关系在第二语言习得研究中非常受重视。

从交际行为的角度讲，只有听得懂，才能说得出，听力好的人，一般说得也不差。听总是与说同时发生，而且听大于说。在交际中，听的人也不总是在听，他有时也要参与，也要有话语权。听是手段，说是目的，这两种活动相互依存，两种能力相互促进。

从认知心理的角度讲，听力课是容易让人产生疲劳的，长时间保持一种聆听的状态，会大量消耗学生的精力，听的前期还可以集中精力，但是到后来就容易分散了。因此在听力课中安排说的活动是非常有必要的，这既可以活跃课堂气氛，又可以给学生一个消化吸收的机会，可以大大提高教学效率。

从技能培养的角度讲，如果要提高听辨的效率，应该把听的活动与读、写、说结合起来，当这些活动配合进行时，它们会对聆听有很好的促进作用。而听和说结合的方式在训练时间上最经济，所以是最常采用的训练方法。

听说结合的教学方式不但具有实际操作意义，而且具有丰富的理论基础，下面从模仿学习理论、关联主义理论、输入和输出理论三个方面论述听说一体化的意义。

一、模仿学习理论

模仿学习理论认为，人的大量行为都是通过模仿而习得的，模仿有助于人们学会很多重要的技能。在听、说、读、写四项技能中，听和读被认定为输入，说和写被认定为输出。克拉申指出："可理解输出不足以在实质上帮助语言能力的习得，要发展语言能力更理智的做法是增大可理解输入。"言语输入对言语输出的作用是不言而喻的，最简单的解释就是模仿。从心理学的角度看，模仿的本质就是在听与说之间架起一座桥梁，这便是迁移。所谓迁移是指一种学习对另一种学习的影响。有研究表明，新学的和已学的知识、技能之间有越多的相同成分，越有利于产生迁移。通过模仿来提高交际能力，就是在听力课中不断地让学生进行模仿语音、模仿句子、模仿对话及语段的练习，一方面引导学生注意正确的语音语调，另一方面帮助学生建立正确的图式以促进新旧知识的迁移。

奥苏伯尔的同化论认为，学习的实质是新知识与学习者认知结构中已有的适当观念建立非人为的和实质性的联系。而潜在的有意义的新观念必须在学习者已有的认知结构中找到适当的同化点。通过模仿，学生能更快地建立起新旧知识的联系，从而为知识的同化打下基础。然而，听说课中的模仿并非简单的读或背诵，而是通过可理解的输入加深学生对材料的理解，对于较复杂的语言点可采取复述的方法促进其知识同化的过程。有研究证明，口语教学中"听后说"比"读后说"更能促使发音准确、促进陈述能力和对话能力的提高以及增强对言语材料的记忆力。（周小兵，1989）这说明不同的模仿方式也会对第二语言的习得产生不同的效果。

行为主义学习理论认为学习者通过对语言刺激的模仿，可以形成固定的言语行为模式；言语输入通过正面的反馈和纠正得到强化；通过语言形式的操练可以达到语言习得的目的。

维果斯基的"最近发展区"理论认为，教学必须考虑学生已达到的水平，并要走在学生发展的前面。学生现有的水平与通过他人帮助可以达到的水平之间的差距，就是"最近发展区"。如果说学生通过模仿习得了一定的语言知识，那么有效的输出便可以帮助他们跨越最近发展区并达到更高的水平。这个输出的过程就是对原有知识的再创造。因此，听后说就是语言由模仿走向创新的过程。

二、关联主义理论

关联理论是20世纪80年代斯皮尔伯格和威尔逊提出的一种以认知心理学为基础的有关语言交际的认知语用学理论。该理论认为关联是人们在交际时自觉遵守的一条最基本的原则,是话语理解的基础,该理论指出语言交际是交际双方的一种明示推理的互动认知过程。"明示"、"推理"是言语交际过程的两方面,口语交际中表现为说和听两个过程。从说话人的角度来说,交际是一种明示行为,即通过明白的言语信号引起听话人的注意,促使其在接收话语的过程中思考,在解码的基础上进行推理。从听话人的角度来看,交际是一个解码推理过程,即根据说话人用明示手段提供的信息意图推导出其交际意图。也就是说"明示"和"推理"都得在双方共知的语境中进行。当交际双方认知环境中显映的事实相同时,就产生了认知环境的重叠。在听和说相互作用下,重叠部分也会不断发展、扩大。原来不为双方共有的知识,完全可能在听与说相互作用的交际中变成共有的认知语境,为下一步的交际打下基础。单纯的听力理解是一个单向的交际形式,采取听后说的形式可以最大限度地帮助听者构建起共同的认知语境。基于这一理论的听说练习很多,我们将在本章第三节中一一展现给大家。

三、输入和输出理论

语言的输入和输出问题是二语习得研究的一个重大领域,其中广受关注的有克拉申的输入假说(Input Hypothesis)和斯万的输出假说(Output Hypothesis)。克拉申(1982)认为可理解性输入是人们掌握语言的唯一途径。学习者通过他们所听到的、所读到和所理解的,而不是通过他们所说的来习得语言。克拉申的"输入假说"在语言习得中的作用是值得肯定的,但它过分强调输入的作用而忽视了输出的作用。斯万(1985)认为"可理解输入"在习得过程中固然作用很大,但仍不足以使学习者全面发展其第二语言水平,学习者欲使第二语言既流利又准确,不仅需要可理解输入,更需要"可理解输出"。输出不仅可以提高语言的流利性,而且还具有使学习者集中注意力、进行假设验证和自觉反思等多项功能。在听力教学中,单纯地听虽然可以增大输入的"量",但是并不能保证习得的效果。而通过可理解输出也就是"说",可以促使学习者注意输入的语言形式,有意识地修正语言体系,从而提高语言输出的准确性。近年来有关输入—输出模式的实证性研究相继出现,如张鹏(2004)经实证研究指出,第二语言输入技能与输出技能都与二语学习者的水平有很大的相关性。温晓虹(2007)分析了教学输入与学习者语言输出的关系。刘晓阳(2006)通过理论分析和实证研究试图证明听说结合更有利于促进学习者的口语交际能力。洪炜（2010）通过实证研究探讨"输入—输出"模式对留学生听力理解的影响。

这说明听说一体越来越受到第二语言习得领域的重视。

综上所述，无论从认知心理学还是语言习得或者教学实践的角度来看，听说结合都是提高语言交际能力的有效途径。在听力教学中实施以听带说，以听促说的训练方法能够有效地促进学习者语言交际能力的提高。

第 ② 节 听说训练的内容

初级听说教学的教学内容为听辨语音和模仿、理解意义及简单的交际。

语音训练首先是正确听辨，接下来是模仿。在第二章中，听辨语音的训练主要集中在听辨近似音上，在听说训练中，语音的重点基本上还是近似音，包括近似的声韵母、声调，所不同的是侧重于模仿。除了模仿发音以外，还有重音、停顿，语气、语调的模仿和使用也在训练范畴内。

理解意义的训练重在理解后的输出，以及使用所接收到的语言信息进行交际活动。理解意义的训练着眼于句子意义和语篇的理解。意义的理解不只是理解语义层面的意义，更重要的是理解语用层面的意义，了解表达形式在交际中的功能。理解一个句子时，要能抓住句子的命题，即明白句子的核心意思是什么。例如："你要说这个医院治不好他的病，那可就哪个医院都治不了了。"这句话要传达的核心意思是：这个医院就是最好的了。这句话的交际功能是否定对方对这个医院的怀疑。

国家汉办将初级听和说的能力标准制定为：初级阶段的学生应该达到听懂与个人或日常生活密切相关的熟悉而简短的话语，抓住相关信息；能用非常简单的词汇介绍自己或他人的基本情况；能十分简单地就日常生活中非常熟悉的话题与他人沟通。在听说训练中，我们将以此为目标，培养学生具备以下听说能力：

1. 能够听懂问题并进行简单回答
2. 能够比较清楚地复述所听内容
3. 能够比较流利地概括所听内容
4. 能够运用听到的语言与他人沟通
5. 能够针对信息的主要意思发表评论

一、模仿练习

模仿教师说的话或录音中的内容。模仿在听说教学中应用广泛，不仅语音训练中可以采用，而且在理解意义的训练中也可以使用。使用模仿练习，有助于学习者理解或复习词语的用法，体会语言的含义。

（一）模仿音节

语音是语言的物质外壳。语音是掌握听说读写技能和交际能力的前提。正确发音不仅关系到口语表达能力，也会影响听力理解的效果。只有学生具备正确的语音语调基础，才能正确地理解别人，进而在交际中被人理解和接受。

模仿音节是指练习说准音节的声、韵、调。例如：hǎo dà yǔyán xuéxí dàxué，声、韵、调是构成汉语音节的三要素。音节准确是说准句子的基础。

（二）模仿轻音、重音

轻重音与语义、语法有密切关系，在表达完整意义的语句中，轻重音不同，表达的意义也不同。另外重音还可以引起听者对重要信息的注意。例如：

1. 我喜欢吃′中式快餐，他喜欢吃′洋快餐。
2. ′我喜欢吃中式快餐，′他不喜欢。

以上两个例子中都有对比的内容，属于比较容易引起注意的，然而在非对比意义的句子中，重音并不是那么明显，不易被发现，例如："你′再不走，就赶不上车了"，这样的重音可以从语法学习、从交际活动中逐渐了解。

（三）模仿停顿

汉语是有节奏的语言，句子的节奏主要和语速、停顿这两个问题相关。在语法成分之间和语法成分内部可以有不明显的停延。但是有些词和一些固定用语的内容一般不能有停延，大多数虚词同它前面或后面的词语连起来说。"停延"指的是停顿和延长。停顿可以和轻重音一起发挥作用，改变句子的意思。例如：

1. 我说不｜过他，｜也得说。
2. 我说｜不过ʹ他也得说。
3. 我们｜四个人坐一条船。
4. ʹ我们四个人｜坐一条船。
5. 我赞成ʹ他｜也赞成你｜怎么样？
6. ʹ我赞成ʹ｜他也赞成ʹ｜你怎么样？

从以上例子中，可以发现停顿在表达意思时所发挥的作用。

（四）模仿语调

语调与音高、音量、音速、节奏和停顿有密切关系。语调可以表示说话人的情感变化和说话人对某事物的态度，因此语调具有交际的功能。在有些情况下，语调还具有表义的功能。

1. 你喜欢他？（升调，表示惊讶）
2. 你喜欢他？（曲调，表示意外）
3. 放假啦！（升调，表示兴奋）
4. 放假啦？（较慢升调，表示怀疑）
5. 放假啦。（降调，表示平静）
6. ʹ我去年在北京大学学习。（信息重心是"我"）
7. 我ʹ去年在北京大学学习。（信息重心是"去年"）
8. 我去年在ʹ北京大学学习。（信息重心是"北京大学"）
9. 啊。（降调，表示答应）
10. 啊？（升调，表示惊讶）

（五）模仿对话

听力理解训练，意义总是先于形式。在听简短对话时，首先是对意义的理解，然后可以让学生结成对子进行模仿对话的练习。学生在表现对话意义的过程中，模仿对话的语言形式，模仿双方的语气，在这个过程中完成从意义到形式的回归。这种模仿有助于新输入内容的内化。

二、问答练习

问答方法在听说训练中是采用最多的方法。问答不仅可以检查学生对信息的理解情况，同时还可以训练表达能力。

问答可以难，也可以易，其难易程度由提问的方式和提问内容所决定。可以采用选择问句、是非问句、正反问句，或是一般问句。提问可以针对听力语料的细节，也可以针对语料大意。

（一）师生问答

教师对所听内容进行提问，学生回答。

（二）生生问答

学生之间互问，互答。

三、复述练习

复述是成段表达练习常用的方法。复述训练的是组织句子和组句成段的能力。复述语段时需要运用好语法手段和词汇手段，各个句子按照合理的逻辑关系进行组合，句子之间的连接和语段之间的连接自然、合理、有序。例如：

> 杭州动物园里的动物表演馆建筑面积980平方米，表演区的面积是150平方米，建造这个表演馆一共花了250万元人民币。这个表演馆里给观众准备了舒服的座位，可以让600多人看动物表演。在这里最早表演的河北省大象杂技团将在杭州动物园表演一年。这个杂技团可以为观众演出"大象吹口琴"、"大象按摩"和"熊猫骑自行车"、"老虎骑马"等节目，但因为老虎生病，观众要在一个月以后才能看到"老虎骑马"。

这段话中的"这个"、"在这里"、"但"使句子间的过渡读起来自然、流畅，丝毫不觉得突兀。除了正确使用连接篇章的连接词以外，掌握好停顿、语气的轻重缓急也是成段复述需要注意的问题。

（一）一般性复述

一般性复述是将听到的信息尽量完整地说出来。复述的内容可以从复述句子到复述语段。复述不同于背诵，在不改变原文主要内容的基础上，除了要求必须使用的词语及句式以外，允许学生变换部分词语或句子。

（二）转述

转述是将一个人的话告诉给另一个人，或将一个对话变成叙述体。转述时要求转述者改变原文的人称、时间、说话的语气等。如把第一人称变成第三人称或反之，把过去的事变成将来的事或反之，把正叙改为倒叙或反之。

转述时要求学生添加连接词语以及运用替代、省略等手段使句与句自然衔接，形成内容完整、条理清楚、层次分明的语段，避免频繁使用"他说……"、"我说……"来照搬原对话。

（三）概述

概述就是简要复述，是将所听到信息的主要意思讲述出来。概述时学生可以用自己的语言。

（四）扩充性复述

扩充性复述是发挥自己的想象力，在复述过程中增加原文中没有的内容。如果语料是一个故事，学生可以把故事接着讲下去。

四、评价练习

评价练习是将教学内容进行延伸的活动。通常是学生在理解的基础上，对所听内容的深层意义进行探讨、发表各自的意见。

（一）听后说

这项训练是听完一段信息后，教师提问学生一些问题，学生谈自己的看法，也可以是学生之间就所听的内容谈自己的看法。

(二) 讨论

一种讨论是安排在听力活动之前,另一种是安排在听力活动之后。听前讨论,是根据学生头脑中关于将要听到的内容的背景知识,或是依据生词和练习进行的听前准备活动,目的在于获取听力语料的关键信息,以便提高理解效果。听后讨论则是大家一起将所听内容拼凑出来,并就其中的一些问题谈自己的看法。

在讨论中所听的内容将会被多次提到,这可以强化记忆,还可以为学生应用新表达提供良好的实践机会。

第 ③ 节　听说训练的方法及策略

在正常情况下,听一个信息时需要的不是单纯的记忆,而是有选择、有理解的记忆。在听的过程中,意义的建构会经历注意、预测、选择、推断、解释、概括等心理过程。听说教学中,听懂不是最终目的,最终目的是要学生学会应用。科学地运用练习方式,可以有效地调动学生的能动性,将理解的意义再回到语言形式上来。

从练习性质上讲,说的训练分为机械性练习、有意义的练习和交际性练习。本章只涉及机械性练习和有意义的练习。机械性练习是指模仿和重复的练习方式;有意义的练习是指在教师控制下的问答及语言形式的练习。机械练习是学习语言必需的一种方式,它有助于规范语音和语法,有助于记忆语言。然而过多地使用机械练习,会降低成年人的学习兴趣,抑制其学习能力的发挥。从教学目的出发,结合教学阶段的发展,将机械练习和有意义的练习合理地结合在一起,科学地训练,才能真正促进学生语言能力的发展。

一、机械性练习

（一）音节和词语听辨练习

1. 听后跟读（每组音节读两遍）

教师示范音节或词语的读音，或让学生听录音，然后跟读。例如：

（1） bàba　　　　　māma　　　　　gēge　　　　　dìdi

　　　mèimei　　　　nǎinai　　　　tā de　　　　　hóng de

　　　bái de　　　　hēi de　　　　 nán de　　　　 tàidu

　　　bùfen　　　　 dàifu　　　　　dìfang　　　　 nàme

（2）连读练习

双音节或多音节词语中各个音节的音长和轻重不同，采用连读的方式就是将一个双音节词或多音节词先分解读，再合并在一起读，帮助学生了解其读音特点。

　　师：zhǔn—bèi　　　　生：zhǔn—bèi

　　师：zhǔnbèi　　　　　生：zhǔnbèi

　　师：dōng—fāng　　　生：dōng—fāng

　　师：dōngfāng　　　　生：dōngfāng

（3）三声变调练习

两个三声连读时所发生的声调变化是汉语语音的一大特点，也是比较难分辨的语音，所以需要着重训练。

　　师：yǒng—gǎn　　生：yǒng—gǎn　　师生：yǒnggǎn

　　师：kě—yǐ　　　　生：kě—yǐ　　　　师生：kěyǐ

（4）轻声练习

在学习汉语初期，学生会将轻声和四声或其他声调相混，因此也是语音训练的重点。

　　师：wǎn—shang　　　　生：wǎn—shang

　　师：wǎnshang　　　　　生：wǎnshang

　　师：zhuō—zi　　　　　 生：zhuō—zi

　　师：zhuōzi　　　　　　 生：zhuōzi

2. 听下列词组，画出词重音并跟读

这项练习给学生听辨的都是重叠词语，目的是使学生了解重叠词语的读音规则。

  坐坐 喝喝 换换 等等 找找 听听

  走一走 查一查 问一问 骑一骑 教一教

  欢迎欢迎 学习学习 介绍介绍 认识认识 复习复习

  漂漂亮亮 高高兴兴 舒舒服服 清清楚楚 明明白白

3. 听后标出声调并朗读

此项练习针对的是声调训练，训练学生的分辨能力。

  （1）Qǐng Wèn zhè shì Hànyǔ xuéyuàn bàngōngshì ma?

  （2）Wǒ péngyou jiā zhù shíliù lóu èr mén sì hào.

  （3）Wǒ méiyǒu nà gè gōngsī de diànhuà hàomǎ.

  （4）Wǒ de tóngxué bú zhù zài xuéxiào, tā zhù zài wàibian.

4. 在横线上填出你听到的音节并跟读

这是一个绕口令练习，有助于分辨近似音，并能够训练语音的流利程度。

    Huà Fènghuáng

  Xiǎo Fāng hé Xiǎo Huáng.

  Yíkuàir huà fènghuáng.

  Xiǎo Fāng huà zhī hóng fènghuáng.

  Xiǎo Huáng huà zhī fěn fènghuáng.

  Fěn fènghuáng hé hóng fènghuáng.

  Dōu xiàng huó fènghuáng.

  Fěn hóng fènghuáng yìqǐ wàngzhe

  Xiǎo Fāng hé Xiǎo Huáng.

（二）朗读练习

1. 对比式跟读

这项练习的操作方式是学生在听到一句话后，找到与该句中的主要成分相反意义的词，并说出自己的句子。这项练习有助于巩固句型知识，帮助学生掌握反义词。从训练目的上讲，可以作为快速反应的练习手段。

（1）师：今天星期天。（明天）

　　　生：明天星期一。

（2）师：我的包是白的。（黑的）

　　　生：他的包是黑的。

（3）师：我们学校很大。（小）

　　　生：他们学校很小。

2. 扩展式朗读

扩展朗读是按照老师的要求，将听到的句子扩张开来。这项练习可以使学生熟悉句子结构，并且能够培养学生的快速反应能力。

（1）师：我去书店。（明天）

　　　生：明天我去书店。

　　　师：跟朋友一起——

　　　生：明天我跟朋友一起去书店。

　　　师：买书——

　　　生：明天我跟朋友一起去书店买书。

（2）师：这药很有用。（医生说）

　　　生：医生说这药很有用。

　　　师：对她的病——

　　　生：医生说这药对她的病很有用。

3. 听写并朗读

先听写，再朗读。这项练习可以有效地训练反应能力，加强认知效果。以数字训练为例：

　　1987年　2010年　2012年　1917年　1643年

4. 跟说练习

熟读课文以后，学生不看书，跟着老师用自然的语调说课文内容。（例子略）

（三）模仿练习

下面要进行的模仿练习不仅有模仿语音，还有模仿意义，学生根据听到的句子，模仿说句子，或根据理解的对话，模仿进行对话等。

1. 听后标出下列句子的重音或停顿并跟读

该练习重在模仿重音的读法。

（1）′多少人在图书馆看书？

（2）′全公司的人都不喜欢他。

（3）这个外贸公司有′800多人。

（4）′北医三院是一个不太大的医院。

（5）这本画报′大概是玛丽的。

2. 跟读下列句子，注意画线词语的读音

该练习除了让学生模仿重音外，还要提醒学生注意重音变化后句子意义的变化。

（1）今天我请你吃饭。

（2）今天我请你吃饭。

（3）那个学校学生多，老师不多。

3. 模仿下列句子的语调

听用不同语调说出的句子，听后模仿，并说出句子的语气。通过模仿不同语调的句子，使学生了解语调特征，在进行交际时准确把握恰当的语调。

（1）请给我介绍一下儿，好吗？　　（升调，询问）

（2）这张桌子太旧了！　　　　　　（降调，感叹）

（3）王老师教你们听力？　　　　　（升调，怀疑）

（4）我有两个姐姐。　　　　　　　（平调，陈述）

（5）我怎么不认识他？　　　　　　（降调，否定）

4. 听前半句，说出一个完整的句子

学生听到一个不完整的句子，然后根据理解将未完成的部分补出来。这项练习通过模仿和有意义的练习相结合，熟悉汉语的语法结构。

（1）教师：今天是五月五日，明天是——

　　　　学生：今天是五月五日，明天是五月六日。

（2）教师：小王今天病了，所以——

　　　　学生：小王今天病了，所以没来上课。

5. 模仿对话并替换

第一遍，跟读。

A：你学习什么？

B：我学习汉语。

A：汉语难吗？

B：汉语比较难。

第二遍，学生听老师读问题，用给出的替换词回答，也可以学生之间问答。

替换词：西班牙语

A：你学习什么？

B：我学习西班牙语。

A：西班牙语难吗？

B：西班牙语比较难。

6. 听后模仿对话

听一个简短对话，听后仿照这个对话，替换 A 或 B 的句子。

（1）A：只有半个小时了，都打扫完了吗？

B：<u>客厅打扫完了，窗户还没擦呢</u>。

（2）A：你再去买点儿水果吧。

B：好，<u>我擦完了窗户就去买</u>。

（3）A：<u>我擦完了，您看看擦得干净吗</u>？

B：嗯，不错。

7. 在横线上写出你听到的句子并做替换练习

学生听一个简短对话，听后写出其中一个人说的话，再模仿这个对话跟同学练习对话。这项练习可以训练学生的记忆能力。

（1）A：你怎么这么晚才回来？

B：_____（我下了班去饭店看朋友了。）

（2）A：你们吃了饭去哪儿了？

B：_____（我跟他吃了饭就去看足球比赛了。）

（3）A：_____（六点多的时候你去哪儿了？）

B：去哪儿了？我在厨房做饭呢。

8. 根据说话人的意向，模仿课文完成下列对话

下面的对话练习是模仿所听的对话内容给出的，学生在理解了刚刚听过的对话以后，模仿其中的表达方式。

例如：

    A：小姐！请给我拿一下儿那双鞋。

    B：哪双？

    A：那双白色的右边那双。

    B：这双只有小号的了。

    A：我可以试试吗？

    ……

    B：买吗？

    A：我穿着有点儿挤脚。

学生模仿对话：

    甲：小姐，您给拿一下儿那件毛衣。

    乙：哪件？

    甲：……（指出位置）

    乙：只有小号的了。

    甲：……（要求试穿）

    乙：买吗？

    甲：……（否定）

二、有意义的练习

（一）问答练习

问答练习是检查学生听懂程度时常采用的一种练习形式。这是一种最直接的检查方式，而且对记忆和巩固所听的内容有很大帮助。回答问题的练习也是最基本的概括能力训练。在使用提问法时，教师可以针对不同的理解目标选择提问方式，以此调整任务的难度。

1. 听解释，说词语

教师说出一个词的解释，学生根据理解，说出符合这个解释的词语。这项练习一般适合在学习和复习生词时使用。

    看电影的地方（电影院）   一年的四分之一（季度）

    昨天的昨天（前天）   存钱取钱换钱的地方（银行）

2. 听句子，猜词义

学生听到一个含有生词的句子，然后根据语境，猜测这个生词的意思。这项练习一般是用来学习生词或熟悉生词。

（1）听：这里是外科诊室，大夫在里面。
说：大夫看病的房间。

（2）听：发烧应该看急诊。
说：突然得病时去看病的地方。

3. 听下列句子并回答问题

听老师说句子，或听录音中的句子，听后学生马上回答问题。

（1）山田七点半就到教室了，麦克二十分钟以后才到。
问：麦克几点到教室？
答：七点五十。

（2）这套房子客厅、厨房都很大，就是卧室有点儿小。
问：这套房子怎么样？
答：客厅和厨房都很大，就是卧室有点儿小。

（3）这件衣服颜色、肥瘦都很合适，要是再长一点儿就好了。
问：这件衣服哪儿不合适？
答：有点儿短。

4. 针对关键词做问答练习

连续听5个带有本课生词的问题，记住问题，然后同学之间做问答练习。

（1）学汉语遇到问题的时候你会向谁**请教**？
（2）你们班谁的汉语说得比较**地道**？
（3）你觉得男的和女的一起吃饭，应该谁**请客**？
（4）人**聪明**一点儿好，还是**糊涂**一点儿好？
（5）人的一生当中，**废话**肯定比有用的话多，对吗？

操作方法：教师应把5个问题连续读出来，其中加粗的词都是刚学过的生词。要求首先记住问题，这是边听边记的训练，但主要目的是完成随后的口语练习。

5. 根据重音回答问题

教师说的时候要把需要强调的部分用重音读出来，学生根据重音回答。

（1）′你去邮局吗？　　　　答：′我去邮局。
　　　你去′邮局寄信吗？　　答：我不去′邮局寄信。
　　　你去邮局′寄信吗？　　答：我不去邮局′寄信，我去′寄钱。
　　　你′去邮局吗？　　　　答：我′去邮局。
（2）你爸爸′忙吗？　　　　答：我爸爸′很忙。
　　　你′爸爸忙吗？　　　　答：我′爸爸不忙，我妈妈忙。
　　　′你爸爸忙吗？　　　　答：我爸爸很忙。
（3）你来教室′做什么？
　　　答：我来教室′学习。
（4）你们′怎么来学校？
　　　答：我们′走路来学校。
（5）′谁走路来？′谁骑车来？
　　　答：′迈克走路来，′约翰骑车来。

6. **根据重音提问**

与上面的练习相反，学生听到的是陈述句，听后提问。提问时重音要与陈述句中强调的部分一致。

（1）′这是玛丽，′那是王丽。
　　　问：′这是谁？
（2）′王记者是我朋友。
　　　问：′谁是你朋友？
（3）我′没有他的电话号码。
　　　问：你′有他的电话号码吗？
（4）那种水果叫′草莓。
　　　问：那种水果叫′什么？

7. **听句子，听后提问**

听句子，理解说话人的言外之意，并据此提问。

（1）教师：你真是的，那么多歌星，偏偏欣赏王菲的歌儿。
　　　学生：说话人喜欢王菲吗？
（2）教师：我咬咬牙，买下了这件衣服。
　　　学生：这件衣服怎么样？

8. 快速问答

快速回答的问题可以围绕学生的生活或刚学过的课文内容来问。这项练习可以训练学生的快速反应能力。做练习时,注意问题不能太复杂,句子不能太长。例如:

你喜欢看电影吗?

你喜欢看什么电影?

你看过中国电影吗?

这个电影的名字是什么?

你觉得这个电影怎么样?

9. 互相问答并填表

就下面表格中的问题采访一个同学,并把对方的回答写在表格中。A 采访完 B 以后,B 再反过来采访 A。

职业调查表	
在你们国家最受欢迎的职业是什么?请说出三个。	
在你们国家最不受欢迎的职业是什么?请说出三个。	
在你们国家什么职业赚钱最多?请说出三个。	
在你们国家什么职业最受人尊敬?请说出三个。	
在你们国家什么工作最累?请说出三个。	
在你们国家做什么职业的人数最多?	
你最喜欢做什么工作?	

10. 用提示词回答问题

学生先听一段话,然后教师给出一些提示词,让学生用这些提示词来回答问题。

莉莉是南开大学的研究生,刚来公司时,她每天的工作就是阅读那些写给公司的信。几个月后,莉莉被提升为人事部经理。原因是她每天都从这几十封信中整理出有价值的信,推荐给他的上司,展示了人事管理的才能,深得上司欣赏。老板认为这种小事都能做得这么好的人,其他事情一定也会做得很好。

问：莉莉为什么被提升为人事部经理？

提示词：原因是……，老板认为……

11. 听后用疑问代词提问

这项练习的目的是熟悉和巩固特殊问句的用法，教师也可以将这种练习应用到其他问句中。

（1）教师：我的钥匙放在大衣口袋里了。

　　　学生：你的钥匙放在哪儿了？

（2）教师：她已经把礼物寄给男朋友了。

　　　学生：她把礼物给男朋友了吗？

（3）教师：她打算把买来的画儿挂在宿舍的墙上。

　　　学生：她把买来的画儿挂在哪儿了？

12. 根据实际情况回答下列问题

（1）今天是几月几号？星期几？

（2）你的生日是几月几号？

（3）你怎么过生日？

（4）生日晚会在哪儿举行？

（5）谁来参加你的生日晚会？

（6）你今年多大？

（二）复述练习

1．转换句中成分

这是一项训练学生熟练掌握句型或是对话内容的练习。学生在听完一个句子、一个段落或是一个简短对话后，用给出的词语做替换练习。

（1）把机票和护照给我。（作业本　老师）

（2）A：你把行李准备好了没有？（晚饭　做好）

　　　B：还没呢。

2．变换句式

做这项练习可以使学生尽快熟练掌握新句式，在新旧句式的转换过程中，温故而知新。

（1）一个姑娘捡到我的钱包以后，给我送来了。（被、让）

我的钱包被一个姑娘捡到，给我送来了。

我的钱包让一个姑娘捡到，给我送来了。

（2）司机把伤者送到医院去了。（被、让）

伤者被司机送到医院去了。

伤者让司机送到医院去了。

3．根据所听的情景说句子

操作方法：教师说出情景后，学生马上说出符合该情景要求的句子。

（1）教师：你必须马上回国，向老师请假。

学生：老师，我必须马上回国一趟，可以请假吗？

（2）教师：你的行李很重，希望同行的朋友帮忙。

学生：麻烦你帮我拿一下儿行李，可以吗？

4．转述

这是一项训练记忆存储能力和概括总结能力的练习。

操作方法：教师连续对三个学生下达任务，听后三个人分别向相应的人转告。在转告时，学生自然要对人称做相应的变化，所以这项练习既可以作为训练记忆能力的练习，又可以作为训练快速反应能力的练习。

（1）教师：玛丽，请你告诉阿里明天上午的参观改在下午两点，集合地点不变。

学生：阿里，老师让我告诉你明天上午的参观改在下午两点，集合地点不变。

（2）教师：阿里，请你告诉玛丽收发室有她一个邮件，让她马上去取，别忘了带学生证。

学生：玛丽，老师说收发室有你一个邮件，让你马上去取，别忘了带学生证。

（3）教师：约翰，刚才北大的恩娜来电话找安娜，说她明天要去医院看一个朋友，不能陪安娜去颐和园了，并请安娜原谅。

学生：安娜，老师让我告诉你，刚才北大的恩娜来电话找你，说她明天要去医院看一个朋友，不能陪你去颐和园了，请你原谅。

5．模仿性复述

这种练习首先要求学生听懂录音,在理解的基础上,模仿录音内容做一些替换。

各位听众,下面是生活天气预报,欢迎您收听:明天早晨天气晴朗,空气清新,非常适合您晨练,建议您早起到外面锻炼身体。明天最高气温不会超过20度,建议您穿长袖衣衫。后天天气转晴,未来两天都没有雨,适合洗车,可以让您的车在几天内都保持清洁。

听录音后,两人一组,模仿录音的内容,根据下图,共同设计一个5月19日"生活天气预报",要求从"晨练"、"穿衣"、"洗车"、"开空调"、"感冒"五个方面给人们提供合理的建议。可以参考下面的提示:

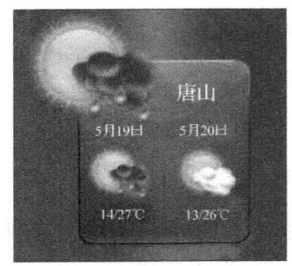

提示:

明天是……,明天早晨天气……,适合……,建议大家……。明天最高气温……,建议……。5月20日……,……。

6．根据下面的提示,请你复述一下儿录音内容。

给提示词时,可以从提示内容方面考虑,同时也可以考虑给一些语段的连接词,让学生在复述的过程中学习汉语语篇知识。

录音:

圣诞节前一天晚上,刘欣收到一个很久没有联系的朋友发来的短信:"有些事不会因为时间过去而忘记,有些人不会因为不常见面而忘记。在我心里,你是我永远的朋友。圣诞节就要到了,祝好朋友幸福快乐。"一条55个字的短信,表达了对朋友圣诞节的问候。

提示词:

有些事不会……,有些人不会……,在我心里……。……就要到了,祝好朋友……。

7．听后复述

要求学生复述录音的全部内容。这种复述不提供任何提示,难度相对较大。

学生不但要听懂,而且要记住全部细节,这是培养记忆能力的一种有效的方法。在复述时,不一定要求完全使用原文中的表达。

8. 分组拼凑录音内容

当录音内容较长或比较难时,由学生分组将录音内容拼凑出来。做法是学生边听边记录关键词,听后每个人说出自己记录的关键词,大家共同拼凑出信息内容,然后各组汇报,比较出各组的差异。

我最近想买一套房子,可是买城里的房子好还是买郊区的好呢?我妻子觉得买城里的好,离工作的地方近,上班很方便;还有呢,城里的学校比郊区的好,孩子可以上好一点儿的学校;城里的商场也比郊区的多,买东西方便,也可以经常逛逛商场。可是我觉得城里的房子价钱太贵了,比郊区的房子差不多贵两三千块钱呢,城里的房子一平方米一万块钱,郊区呢,才七千多块钱左右,要是在郊区买房呢,还有钱买一辆车,这样多方便呀。在城里买房的话,就没钱买车了。而且郊区的空气好,对身体有好处啊!哎——,您觉得哪儿的好呢?帮我想想。

操作方法:三至四个学生分为一组,听完录音后,以小组为单位,一个学生说在城里买房的好处,如果他说得不全的话,其他同学补充,另一个同学说在郊区买房的好处,大家都说完以后,把全部内容整合向全班汇报。各组之间可能会有差别,最后教师做出评价。

9. 分段复述

当班上学生多,要复述的内容比较长时,采取分段复述,可以让更多的学生参与。

还是以上面买房为例,教师可以将复述分为以下几部分,请不同的学生复述:

(1)请第一个学生复述在城里买房的好处;
(2)请第二个学生复述在城里买房的坏处;
(3)请第三个学生复述在郊区买房的好处。
……

10. 接龙式复述

其做法是每人说一句,将所听内容复述出来。这种练习的优点是全班同学共同参与,而且每个人都要注意听别人说了什么,才能知道自己要说什么。

买　笔

　　我是一名记者,身上总是带很多笔,因为一支笔很快就用完了。| 有一天,我的笔又都用完了,正好同事小李要去商店,我就请他帮我买笔,| 我对他说:"请你帮我买12支笔,我不喜欢黑色的,不要黑色,你一定要记住,别买黑色的。" |

　　过了一会儿,他回来了,也给我买来了笔。我打开一看,十二支笔全是黑色的! |

　　我对他说:我不是说不要黑色的吗?没想到小李说:"你说了好几遍黑色、黑色、黑色,黑色这个词印象太深了,我就记住了黑色,所以一进商店,我就找黑色的。" |

　　唉,这也不能怪他。要是我请他买笔的时候,说话简单一点儿:"请你帮我买12支笔,蓝色的。"我想这样的话,他大概就不会买错了。|

　　从那以后,说话或者写文章,我都是能简单就简单,不说没用的话。|

"|"表示每个学生复述的部分,一个学生说完一部分以后,下一个学生接着他的话复述。这项练习的优点是要求学生注意力高度集中,注意听前面同学说到哪儿了,以便轮到自己说的时候能接上。

11. 根据下列题目复述课文内容

为了保证复述的完整性,可以列出语料内容的几大部分,以此提示学生进行复述。例如:

　　(1)他们为什么照全家福?
　　(2)叔叔是怎么提出来要全家福的?

　　我的叔叔在国外工作,他很想我们。他给爷爷和爸爸写了一封信,说想要一张全家的照片。这不,昨天我们全家照了一张全家福,明天就给叔叔寄去。

12. 听后概述

概述要求学生既要理解所听的内容,又能用自己的话,将录音内容的主要意思讲出来。这项练习对学生的学习能力和语言水平要求比较高,既要有较强的理解力，又要具备短时记忆能力，二者缺一不可。概述时，可以一个学生说，其他人纠正或补充，最后老师总结。

有一个老人来看病，医生给他检查以后说："老先生，现在吃药对您的病已经没有用了，您必须到一个安静的地方，休息一个月。每天要早点儿睡，早点儿起，多散散步，还有呢，就是每天最好只抽一支烟。"

老人按照医生的话做了。一个多月以后，老人找到这位医生，说："大夫，我现在觉得好多了，就是每天抽一支烟太难了，您知道，我这么大年纪的人，学习抽烟可不是一件容易的事啊！"

学生：有一个老人病了，他去看医生，医生说他不用吃药，应该去一个安静的地方休息，多散步，每天只抽一支烟。一个多月以后，老人又去看病，他告诉医生他好多了，但是每天抽一支烟很难，因为他以前不会抽烟。

13. 听后说出课文的中心意思

这是要求学生使用自己的语言，总结信息所传达的中心思想。说话应该简单明了，让人容易明白，否则不但达不到说的目的，还会产生相反的作用。还是以上面的短文为例，短文的中心意思就是：一位老人病得很重，医生认为他的病已经治不好了，让他去个安静的地方休息，而且每天最多抽一支烟。病人误解了医生的话，以为医生让他每天抽一支烟，然后他就按照医生的要求去做了。一个月以后，他的病好多了，只是他觉得学抽烟太难了。

14. 听后给这段话起一个题目

我们仍以"买笔"为例，学生根据自己对短文的理解给它命名，如："谁的错？"、"说话啰唆带来的麻烦"、"同事为什么买了十二支黑色的笔？"等等。教师让学生尽量开动脑筋想，这有助于内化所听信息。

15. 合作讲故事

合作讲故事要求学生从一开始就提问，否则便得不到这个故事。

操作方法：教师按照故事线索，给出几个关键词语，学生对其进行提问。

孟姜女哭长城

这个故事发生在秦朝。秦朝的皇帝秦始皇为了挡住外来的敌人，决定修建长城。他需要八十万民工去修长城。苏州有个书生叫万喜良,和孟姜女结婚不到三天,万喜良就被抓去修长城了。孟姜女等丈夫回来。可是半年过去了,万喜良一点儿消息也没有。孟姜女想起丈夫在北方修长城,那里一定十分寒冷,就亲手做了冬衣,要到万里长城去找万喜良。

一路上,孟姜女不知吃了多少苦,才来到长城。谁知修长城的民工告诉她,万喜良已经死了,尸体被埋进了城墙里。听到这个消息,孟姜女伤心地痛哭起来。不知哭了多久,忽然长城倒了十里,她丈夫的尸体露了出来。

这就是孟姜女哭长城的故事。这个故事是要说明当时秦始皇修长城非常不得人心。

关键词:中国　长城　皇帝　孟姜女

　　学生:这个故事发生在中国吗?
　　教师:对,故事发生在中国。
　　学生:皇帝?皇帝是谁?
　　教师:皇帝就是国王。这个皇帝名叫秦始皇,他是……
　　……

(三)评价练习

1. 听后说

(1)听后介绍听到的内容

介绍不同于复述,可以不按故事顺序介绍,还可以加进自己的理解和看法。以孟姜女哭长城的故事为例,介绍的时候可以说:

　　孟姜女很不幸,结婚不到三天,丈夫就被抓去修长城了。
　　她对丈夫的感情感动了上天,让她找到了丈夫的尸骨。
　　长城在今天被认为是一项非常了不起的工程,可是历史上为了修长城不知道死了多少人呢。

(2)听一段话后,学生根据短文内容提出自己的看法和意见

听后说说你认为他们两个人谁最需要休息,说出你的理由。

　　这个周末过得比上班还累,一大早送孩子去上补习班,他上课的时候,我去超市买东西,回家做饭,然后又回学校接孩子回家吃饭,

中午吃完饭，又忙着收拾房间，连午觉都没时间睡，就该做晚饭了。

你这算什么，我妈住院做手术了，我晚上在医院陪了她一夜，本来想请假回家睡一觉，公司来电话说有事，我又赶到公司去，一直忙到下午，晚上还得去医院陪我妈呢。

（3）听三个人讲他们最喜爱的成语，从中选出你最喜欢的一个，说出为什么

第一个故事：宁缺毋滥（略）

第二个故事：塞翁失马（略）

第三个故事：一鸣惊人（略）

麦克：我最喜欢的成语是"宁缺毋滥"。宁可没有，也不能要不好的。

玛丽：我最喜欢的成语是"塞翁失马"。好事能变坏事，坏事也能变好事。

约翰：我最喜欢的成语是"一鸣惊人"。希望我将来也能一鸣惊人。

（4）说说自己对所听信息的理解

这项练习是让学生谈谈自己听完一个事件或一段对话后的感想。这种练习方式有助于学生加深对信息的理解，并锻炼了表达能力。比如听完"孟姜女的故事"后，让学生谈谈对秦始皇修长城的看法。

2. 讨论

给学生听一篇文章，或一段对话，或者看一段视频，尽可能理解内容，然后再根据讨论题发表自己的意见，对不同的意见要提出异议。例如：

你哪儿不舒服

大夫：23号，何大卫！

大卫：我就是。

大夫：进来吧。请坐！你哪儿不舒服？

大卫：大夫，我昨天有点儿发烧。

大夫：什么时候开始发烧的？多少度？

大卫：大概是夜里1点多钟，我量了一下儿体温，有39度。

大夫：你还有什么地方不舒服？
　　大卫：头疼，身上发冷。
　　大夫：咳嗽、流鼻涕吗？嗓子疼不疼？
　　大卫：咳嗽，但是不流鼻涕，嗓子有点儿疼。
　　大夫：我看一下儿嗓子，张嘴，说："啊——"（查看）你的嗓子很红。今天量体温了吗？
　　大卫：还没有呢。
　　大夫：来，量一下儿体温。（过了一会儿）好了，把体温计给我。38度5。这几天你做什么了？
　　大卫：我前几天去游泳了，水有点儿凉。
　　大夫：你先去化验一下儿血吧。这是化验单。
　　大卫：好的。请问化验室在哪儿？
　　大夫：在一楼大厅的左边。你抽血以后，请把化验结果拿回来给我。
　　大卫：谢谢！

具体操作方法如下：

（1）听前请学生写下与病有关的词语

学生在作业纸上写下有关看病的词语，可以用汉字、拼音、母语等任何形式。当学生在书写词语时，教师可展示与就医有关的图片，但不给提示。这项活动的目的是激发调动学生已储存的知识，为接下来的听做准备。

（2）教师就看病的经验提问，学生可自由回答

　　你生过病没有？
　　哪儿不舒服？
　　那个时候你怎么办？

（3）听录音回答问题

　　大卫怎么了？
　　大夫问了他什么问题？大夫怎么给他检查的？
　　大卫什么时候发烧的？他哪儿不舒服？昨晚发烧多少度？现在呢？他是怎么病的？
　　医生让他去化验室做什么？化验室在哪儿？那儿的护士会给大卫怎么检查？

你知道在门诊室医生一般会给病人做什么检查吗?

（4）小组活动

在学生理解了所听内容后进行。

两人一组，按照下面的提示，练习怎么向医生讲述自己的病情。

	大夫的问话	病人的讲述
感冒	……吗？……不……？ 什么时候……？多少度？	发烧、咳嗽、流鼻涕、嗓子/头疼、 身上发冷/发热、不想吃东西
胃	怎么不舒服？什么时候疼？ 吃饭怎么样？	胃疼、没有胃口、想吐
肚子不好	吃什么东西了？一天拉多少次？ 什么地方疼？什么时候疼？吐吗？	肚子疼、拉肚子、一天十几次、 左/右边疼、饭后/前疼、又拉又吐
牙	哪颗牙疼？疼了多久了？ 这颗牙该补/拔了	牙疼、牙掉了、有坏牙、洗牙
失眠	睡觉怎么样？能睡几个小时？ 吃过安眠药吗？每次吃多少片？	睡不好觉、睡不着觉、头疼、 没精神

（四）表演练习

表演是一种模拟交际活动，它可以弥补课堂上缺乏真实交际活动的不足，为学生提供了"用中学"的机会。表演不仅是还原对话内容，还可以尽可能地模仿对话人的语调，体现出说话人的语气。表演是在听懂对话以后进行。

表演有两种：一种是单纯模仿式的角色扮演；一种是按指定题目表演。在此我们只介绍第一种表演活动。

今天上午8点多钟的时候，我在九江路外滩坐上了20路电车。一路上，上来了许多抱小孩的乘客。他们一上车，坐在座位上的乘客就主动起来让座。当电车开到石门路的时候，我一看车厢里除了两位残疾人以外，十几个座位上坐的差不多都是抱小孩的乘客，连售票员的工作台，也成了小朋友的座位了。可是，还是不停地有抱小孩的乘客上车。于是，抱小孩的乘客之间开始谦让起来了。一位乘客发现她身边的一位女士抱着的孩子比她的小，就把自己的座位让给她，可是这位女乘客不肯坐。这个时候，坐在后面的一位残疾人说话了，他说："我一条腿坏了，可是，这条腿还能坐一个人。"他说着就把孩子抱了过来。另一位女士一看也忙说："那我还能抱一个呢！"说着又把身边另一个孩子也抱到自己身上,她笑着说:"我今天成了两个孩子的妈妈了。"说得车厢里的人都笑了起来。这个时候,那个售票员对我说:"在这样的电车上当售票员真是太高兴了!"

角色1:我
角色2:售票员
角色3:女乘客1
角色4:女乘客2
角色5:女乘客3
角色6:残疾人

操作方法:

6位同学表演。表演结束后,其他观看的学生针对表演活动内容进行交叉提问和回答。

本章小结

"以听带说"、"以听促说"的重心在于说,"听"只不过是导入学习内容的一种方式。现在用"听"来导入学习内容的手段应用得越来越多,如语法教学和口语教学中都广泛使用。一般来讲,听得好,说得也好,不过,也有例外。对于不擅于表达的学生来说,听得懂,未必能说好。这与很多因素有关,这里不予讨论。但可以肯定的一点是,练得多,说的能力肯定会得到提高。

说的方法很重要,正像第一节中提到的语言学习中,有"可懂性输入"理论,也有"可懂性输出"理论,输出的内容符合学生的水平,输出的效果才会好。所以,在进行听说训练时,听的材料内容、语言特点与说的形式恰当地结合是需要注意的问题。练习方式很多,教学中并不是可以随意选用的。教师首先应该熟悉各种练习的作用,确定选择何种方式来达到自己的教学目的;然后再根据练习方式的操作方法,确定其在自己的教学活动中是否能够收到预想的教学效果。

方法很多,运用得当才是硬道理,正所谓,"弱水三千只取一瓢饮"。

听说结合，拓展表达的训练

第4章

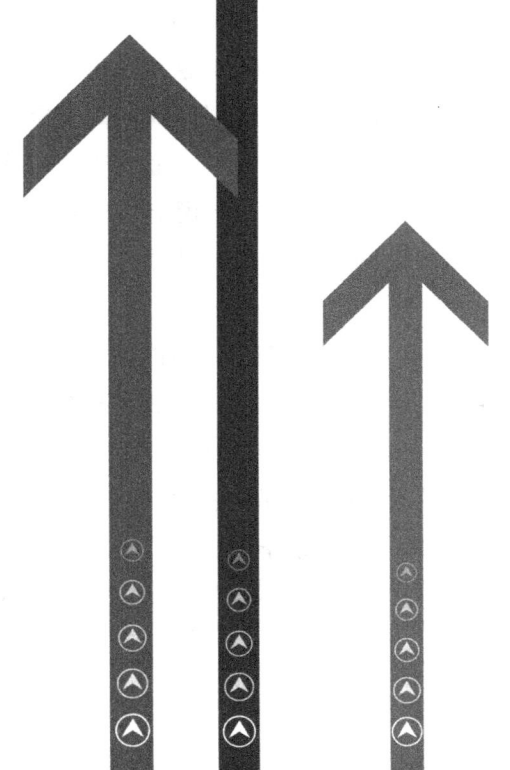

第 ① 节　汉语口语技能训练的理论依据

一、任务型教学的概念

　　口语水平是最体现学习者语言能力的外在表现，也是学习汉语的学生，特别是进行短期速成学习的学生首要的学习目的。在本书介绍的听说技能教学法中，前文所进行的大量活动，其目的都是为了输入—输出链条中的最后一环——自由表达。

　　口语技能教学就是针对学习者的自由表达所进行的教学活动，它从交际目的出发，以提高学生的口头交际能力为目的，是有指导的说话训练（杨惠元，2007）。我们可以从三个方面来理解这句话：1."从交际目的出发"是说，课堂上的每一个活动都是为了提高学生的口头交际能力，因此方法的选择要服从教学的目的，必须有针对性，并体现口语教学的特点；2."达到提高交际能力的目的"是说训练的有效性，教学要有被感知的教学效果，最后应能落实到学生口头交际能力的提高上；3."有指导的说话训练"是说能力的提高靠训练，而训练必须有章法，教师要能依据一定的教学理念，设计并组织好课堂教学活动。

　　任务型教学是在目前课堂教学条件下，最大化地体现口语技能训练目的的方法，它能兼顾教学的针对性、有效性，并能培养学生的自主学习及合作意识。我们知道，任务型教学是作为交际法的一个教学途径而产生、发展的，它的教学理念和较具操作性的教学方式，更好地体现了交际法"真实"、"实用"的特点。比如它强调以意义磋商为主要交流形式的小组学习、合作学习，强调在大量的输入与输出过程中学生语言能力的自然发展，不排斥在此过程中基本的、必要的语言形式的操练,因此学生语言表达的准确性、流利性和复杂性都能得到充分的重视和发展,体现出"语言习得所需要的理想状态"(龚亚夫、罗少茜,2006)。

由于研究的角度不同,关于任务型教学的定义很多,在此我们摘录一段综合、概述得较全面的说明(龚亚夫、罗少茜,2006):

任务是人们在日常生活、工作、娱乐活动中所从事的各种各样有目的的活动。任务型语言教学的核心思想是要模拟人们在社会、学校生活中运用语言所从事的各类活动,把语言教学与学习者在今后日常生活中的语言应用结合起来。任务型语言教学把人们在社会生活中所做的事情细分为若干非常具体的"任务",并把培养学生具备完成这些任务的能力作为教学目标。在教学过程中,任务也包括各种增加语言知识和发展语言技能的练习活动。

由此可见,我们课堂所进行的各种有意义的、有助于培养学习者语言能力的活动都可以看做"任务",虽然与真实世界的任务相比,它们的真实性存在不同程度的差别。

二、任务型教学的组织方式

任务型教学的突出特点是交互式的合作学习方式,它采用班级学习、小组学习和结对子的多种组合方式,给学生创造了多种多样的语境和交际的场合,学生们可以面对多种真实而复杂的情况来选择和组织语言,可以学会在各种情形下使用不同语言表达的方法和技能。在这样的学习环境中,语言的真实性,不仅指语言材料的真实性,还包括目的的真实性、学习过程的真实性都得到了很好的体现。通过完成任务,学生在真实或模拟真实的情境中综合运用所学知识,创造性地使用语言,也加快了语言内化、技能化的速度。

在活动中,学生往往肩负一定的任务,也负有一定的责任,他的语言应能解决同伴的疑问,也应反映出个人的态度以及角色所赋予的职责。简言之,在小范围的学习空间,每个学生都处于需要别人和被人需要的境地。这样,学生学习的积极性和主动性就调动起来了,他们不再是被动地随着教师的指挥棒做各种活动,而是有了更多的机会选择自己感兴趣的话题,表达自己的想法,描述自己熟悉的事情,选择自己喜欢的材料,构建自己的知识领域,体验成功与不足。最重要的是,在有意识的学习中,学习者的自主批判性思维能力得到发展,交际策略和学习策略的运用能力也得到提高。

任务型教学常用的教学方式有根据听或读输入的材料,完成排序、信息差、解决问题、角色扮演等任务。这种交流活动在有限的课堂活动时间里增加了语言的输入,也相应增加了语言的输出。Ellis（2003）曾说,成功的语言学习需要大量输入与输出的机会。在任务型活动中,输入和输出可以达到最佳状态,特别是同学之间的交流可以成倍地增加他们接触语言的频度和深度,同时发展他们的语言能力。

在口语教学中,我们一直强调提高学生的开口率,但是在以"灌输"和"喂养"为知识传播方式的教学中,学生的开口不仅少,而且极富机械性;能够充分意识到这种教学弊病的教师,也可能缺乏有效的指导方法,而做了很多本该由学生做的事,如自己念句子,让学生填空,过多地安排跟读活动和全班活动,对课堂控制过死,在交际运用环节没有提供合适的材料,对学生的表达没有要求以至失控……这种种表现都可以在任务型教学中找到消解的方法。在第三节所提供的各种任务举例中,教师们可以放心地选用各种活动,试着把课堂交给学生,来体会这样教学的快乐,当然前期的准备和教学过程中的指导是更见功夫的。

三、任务型教学的教学过程

任务型教学的过程一般分为三个部分：任务前、任务中和任务后。

（一）任务前

在这个阶段,教师主要介绍本单元的主题,进行相关背景知识介绍,为学生提供与话题范围有关的词汇或表达方式,也可以就词汇、结构、功能进行一些有控制的练习,如听、模仿、简短对话等（这部分的操作方法参见第二、三章）。任务前活动的一个目的是激活学生的语言知识,新的或复现性质的语言形式操练都适宜。

（二）任务中

学生一对一或分成小组来完成任务,活动时教师提供各种输入材料,并伴随着各种具体的活动方式,如排序、解决问题或讨论等来进行。输入材料包括拓展性的听、读材料，图片性材料，写有问题的小纸条，某些材料的片断或碎片甚至实物等。活动的设计可以针对口语训练的任何方面：语音、词汇、结构或话题，从初级到中、高级。

在此过程中，教师要不断巡视，视需要及时提供帮助。活动的最后，学生要用口头或笔头报告他们的活动结果，如他们是如何完成任务的、结论是什么等。如果是口头的话，教师可以有选择地指派小组进行全班汇报。

（三）任务后

此阶段也称"语言聚焦"。教师进行班级总结，对"任务中"阶段的学习情况进行反馈，特别对必要的语言问题进行一定的解释和操练。"解释"不是孤立地讲解用法和区别，而是依靠一定的语境，借助前面听、读、说、写的实际情况进行，语言形式的操练也强调语境。Ellis（2003）认为，关注语言形式的活动不一定是孤立和无语境地讲解语法的用法，也可以不把语法用法直接告诉学生，而让学生开动脑筋思考，尝试去理解所学的语言特点。此时教师应该给学习者提供各种有特色的语言材料，或通过大量实例启发学生思考，让学生自己去发现语言规律并归纳总结，而不是替代学生的思维活动。

很多专家都强调任务后"再做一遍任务"的观点。任务型活动可能存在的一个问题就是语言的准确性不够，在任务后阶段，当要求学习者重复一个任务时，不仅能提高学生语言的准确度，还可以提高语言的流利程度和复杂度。

实际的课堂教学过程，可能完全由一个大的任务贯穿始终，也可能由几个小的任务组合而成，本书第二章、第三章中的做法都可视需要糅入其中。

第 ② 节 口语技能训练的内容

一、汉语口语技能的组成

"听说结合，拓展表达"以训练口语表达技能为目的，它要说明的是在课堂教学环境下，如何通过设计富有交际性的教学活动，来促进学习者汉语口语技能的发展，培养口头交际能力。

与纯粹的"听"和有限的"说"不同，口语技能是在理解说话人的信息后所作出的言语反馈，是更接近真实的自由表达，是积极的、有意义的交际行为。为了满足交际双方对信息的需求，保证表达能被听话者接受和理解，说话者必须具备一定的表达能力，如口齿清晰、语句正确、意义明确、说话得体、借助非语言因素的辅助、注意一定的交际策略等。在第一章中我们说，口头表达能力至少包括准确发音的能力、语言提取能力、语言组织能力，在这里我们从教学的角度，将它们细化为这样几种能力：一定的预测并组织信息的认知能力、读出语句的语音能力、遣词造句的语言能力、成段表达能力和语用能力。

（一）认知能力

预测并组织信息的认知能力是人类所共有的，只要智力健全，并不有意地答非所问，任何人都具有进行交谈的能力。区别只在于，第二语言学习者对信息捕捉的敏感度不同，解码和编码的能力和速度有限。随着学习的进步，学习者运用汉语的能力提高，思维能力增强，对信息的处理速度会越来越快。

（二）语音能力

语音能力指运用正确的语音、语调、语速表情达意的能力。说话时声、韵、调的准确与否直接影响到交际的效果，其中声调是非声调语言国家学生最大的难点。欧美学生发音的偏误多表现为调域而不是调值，比如二声上不去、三声下不来，造成二、三声的混淆。如理发师说"剪个发凉快"，留学生听成"剪个发两块"，因此只付了两块钱，造成交际笑话。声、韵母的发音错误也会产生误会，一个学生要染发，她想说"我要红色"，可是美发师听成了"黄色"，结果学生顶着一头黄灿灿的头发来上课，这都是发生在我们周围真实的故事。除了这些极端的例子，在实际交际中，"洋腔洋调"有时可能并不影响理解，但作为口语水平最外显的标志，作为教师，还是应该给予足够的认识。教师可以从培养学生对汉语语音的音感和听觉器官对汉语语音辨析的灵敏度，恰当地运用重音、停顿、语速以及语调来表情达意等方面来入手，培养学生"字正腔圆"的语音表达。纠音纠调的指导要体现在学生口语表达训练中，教师要把握好何时纠、纠到什么程度，掌握好分寸和时机。

（三）语言能力

遣词造句的语言能力，指学习者根据表达需要，在大脑语言信息库中选择合适的词语并按照汉语的句法规则连词成句、组织语言、计划话语的能力。在组织语言时，说话者要先在头脑中形成表达的意念，然后寻找合适的表达词语，再按照他理解的规则进行组合。输出关键在于意义和形式的配对，保证说出的句子不仅是有意义的，而且在语法规则上是可成立的，在语用上是得体的。但这个输出结果可能是不正确的或不准确的，抑或是不得体、不合乎汉语表达习惯的。如，如果来自英语圈的学生说"我不认为我行"，这显然是套用了英语"I don't think I can"的表达方式，这句话是典型的英式汉语，在汉语语法规则上行得通，也不影响交际，但更地道、更符合汉语表达习惯的说法应该是"我觉得我不行"。要培养学生具有较强的语言组织能力，应在输入时就强调对语言规则的认知和理解，并在口语交际活动中，鼓励学生大胆实践、反复实践。

（四）成段表达能力

成段表达能力包括两个方面：一是把两个或两个以上的句子组合成语段的能力，二是把两个或两个以上的语段组合成语篇的能力。在会话表达时，单句或复句的表达要多些，在独白式的表达时，语段的逻辑性、连贯性要求就更明显。对学习者来说，用目的语进行会话交流比较顺利，但要连续讲一段话就感到困难，主要是句与句之间、段与段之间缺乏自然的衔接照应。

我们知道，语篇之中句子、段落之间的衔接连贯主要靠三种方式来实现：1.显性手段——运用连接成分；2.半隐性手段——运用省略和指代的方式；3.隐性手段——运用句子的逻辑顺序。运用显性或半隐性手段可以实现语篇的"形合"；运用隐性手段可以达到"意合"。初级阶段的学生还难以驾驭这些手段，像这例"她是英国人，她生于香港，不过她现在住在伦敦"，人称代词"她"重复出现，意义明确，形式能保证成立，可是不符合篇章表达习惯，遇到这种情况，我们就得教授学生如何通过省略和逻辑关系来梳理语段，省略不必要的部分。

成段表达能力既受汉语水平的限制，也受思维能力的限制。在以听或读的方式输入时，多做语篇结构分析能为学生输出表达提供模仿的样板。

（五）语用能力

语用能力指进行得体交际的能力，即根据交际目的、交际场合、交际双方的身份选择恰当的表达方式，运用一定的交际策略，以适应中国人的社会文化心理和表达习惯。例如，知道如何开始、结束对话；知道在不同类型的话语事件中可以谈论什么话题；知道在不同环境下如何称呼不同的人；知道如何回应不同的语言行为，如要求、道歉、感谢、邀请、拒绝；知道如何恰当地使用语言，如何不冒犯听话人。赵金铭先生（2004）曾说，"'说的汉语'最大的特点是口语表达时有特定的语言环境和具体的听话对象"，而这具体的环境和对象就说明了口语表达的功能。

在跨文化交际里，因为语用文化的不同造成交际障碍甚至文化冲突的例子比比皆是，因此对学习者进行这方面的训练也很有必要。研究表明，汉语中有大量交际性的套语，如打招呼、问候、邀请、致谢、告别中的习惯表达等，对这些有用的套语反复操练，可以起到提高口语表达能力的作用。

二、口语技能评估的标准

口语技能训练的另一个重要工作是评估和判断学生的口语水平，观察和衡量的角度主要有三个，也就是三个评价指标：语言表达的准确性、流利性和复杂性。

（一）准确性

语言表达的准确性一般指运用语言时所使用的语言形式正确无误。在任务型语言教学中，"注意语言形式"被作为主要的教学原则之一。与儿童自然习得不同，成人学习语言主要依赖学习，因此仅靠大量接触正确的语言输入是不够的，还需要去注意语言的形式，如词汇、习惯用法、语法结构、语用方式等。语言形式的准确是语言学习的基本技能，它能发展流利性，当学习者对语言的意义与功能有了一定概念之后，语言形式的学习就必不可少。

为达到准确性的目标，一般采用机械性练习（控制性练习）和有意义练习的方式。如问答、准确地模仿和重复说出新学的语句等。任务型教学强调，即使将注意力集中在语言的准确性上，教师也要注意提供真实的语境，与学生实际语言活动相联系，给学生提供运用所学语言表达自己的机会。在此基础上，学生还要在真实的交际中实际运用，进行推理和演绎，从而深入理解语言的功能。第三节中的任务举例，有些侧重于发展学生的准确性，但活动形式却有别于第三章中我们介绍的方法，或者说，这些活动针对的不只是准确性，它的目标更多元化。

（二）流利性

关于流利性，一般可理解为言语行为的流畅、从容和快速。广义的流利性观念将其看做口语水平的总称。Leeson（1975）较早将流利性定义为"说话人在接触所说语言的有限材料的基础上即可说出无限多个符合该语言音位、句法和语义的句子的能力"。按照语言学家Fillmore（1979）的观点，流利性应该表现为停顿少、能长时间讲话；句子连贯、语义密集；在各种场合下都能得体地交谈；具有使用语言的创造力和想象力。

要获得流利性就意味着，在言语产生过程中要加快对句法、词汇和会话知识的提取速度，而这有赖于学习者语言系统的高效运转。通过训练，如使用套语、掌握更多预先组织好的短语和固定的表达方法、重复练习同一材料，学习者可以大大加快语言提取速度，从而获得流利性。

流利性还代表了一定的说话速度，只要具有正常的语速，没有明显的停顿、迟疑，都可视为流利。流利性通常还与准确性相对立，我们可以训练学生在达到准确之后，逐渐加快表达的语速。

（三）复杂度

复杂度也称作"重构"。在使用语言时，学生应学会重构语言，即将学习过的语言材料重新按某种语言结构的模式表达出来。"重构是使中介语言系统更加复杂、更精细、体系更完整的过程，也是语言表达复杂度的具体体现。"（龚亚夫、罗少茜，2006）提高语言复杂度意味着在交际时，语言使用者能更有效地表达，如减少词不达意、采取迂回表达的方法避免某些无把握的表达等。

学习者有时为了准确而牺牲了复杂度，不愿意冒出语言错误的风险，只愿意用自己会用的语言，结果使中介语言得不到发展。在针对复杂度的训练时，教师应通过设计利于交际的任务，鼓励学生勇于冒险，创造性地使用语言。"重复一个任务"的方法也可以提高语言的复杂度，再做一遍时，学生的注意力可以更多地投向语言的准确性和复杂度，比如句子用得更准确、说得也更得体。总之，在口语技能训练时，教师的目标应明确，何时关注准确性、何时关注流利性、何时关注复杂度，并在不同的活动中或在活动的不同阶段予以不同体现。

三、口语技能训练的目标

（一）口语技能分级目标

《国际汉语教学通用课程大纲》将语言技能划分为五个等级并描述了各项技能的分级目标，其中关于初级一、二、三级口语技能的分级目标如下：

级别	技能描述
一级	能跟读、复述或背诵所学词句，能简单回答别人的问候，介绍个人最基本的信息，用简单的词语表达最基本的需求。需要时可以借助肢体语言和实物来表达。其中包括： 1. 能跟读、复述或背诵课堂上所学的词句，声调基本正确； 2. 能说出本人的基本信息； 3. 能主动问候他人或对他人的问候作出回应； 4. 能用简单的词语表达最基本的需求或指令； 5. 能表达最基本的请求或寻求帮助。

续表

级别	技能描述
二级	句调准确，能模仿造句，就提出的问题作出简单的回答，并就日常生活中所熟悉的话题与他人沟通，能表达基本的个人需求，其中包括： 1. 能用简单的词语介绍自己或他人的基本情况； 2. 能用简单的词句就日常生活中非常熟悉的话题与他人沟通，提出简单问题或给出明确的回答； 3. 能在熟悉的情境下，用学过的词语与他人沟通，给出简单的指示或要求，表达需求和寻求帮助； 4. 能在不同的场合下恰当地表达态度和情感。
三级	能参与简单的对话，基本表达个人的观点和需求，模仿造一些稍微复杂的句子，能对熟悉的事物和生活中发生的一些事情做简单的陈述。其中包括： 1. 学会使用重音、停顿、语调或肢体语言等手段来加强语气； 2. 参与简单或日常的对话，谈论个人需求； 3. 能就日常生活及学习中熟悉的话题与他人进行简单的交流，或做简单陈述； 4. 能简单描述个人或日常生活中常见的事物、活动或一段个人经历； 5. 能对日常生活中的一些事物作出明确的表态，并能简单描述某一现象或状况； 6. 能讲述简短的故事。

（二）口语技能训练目标类型

经过分析、归纳，我们将上述目标整合、转述为一系列有关认知、内容、情感或策略的小目标，它们是我们在设计任务、进行口语技能训练中要特别注意的并应能做到的：

1. 介绍：用独白式的方法说明个人信息，介绍个人或他人情况；就相关话题简单陈述；

2. 描述：用独白式的方法简单描述事物、活动、现象或状况；

3. 讲述：用独白式的方法讲述简短的故事或个人经历；

4. 回应：用交流的方式回应问候、提问，给出明确回答；

5. 表达：用交流的方式主动问候、提问，提出需求，寻求帮助，作出指令或指示；

6. 情感：在不同的场合中恰当地表达态度、情感，作出明确的表态。

7. 策略：使用重音、停顿、语调或肢体语言等手段来加强语气。

根据《课程大纲》对目标的描述，与之相关的活动主要有跟读、朗读、模仿、复述、问答、会话、描述、讲述等，在第三章中我们着重介绍了这些机械性的、有意义的口语练习方法，大家可以参考。实际上，从任务的角度，我们还可以有更多有趣、有效的小组或结对子的课堂互动方式，在这一章中，我们着重从口语输出的角度来介绍口语技能训练方法，侧重的是流利性、复杂性，选取的方法多为交际性任务，如信息差活动、角色扮演等。以下详细介绍。

第 ③ 节 口语技能训练的方法

许多任务型语言教学的倡导者都从不同的活动类型对任务进行了分类，这些类型有很多共同之处。Willis 的六种任务有编目、排序与分类、对比、解决问题、个人经历、创造性活动；Pica, Kanagy 和 Falodum 的五种任务包括拼图、信息差、解决问题、选择决定、交换观点（见龚亚夫、罗少茜，2006）。按照任务的难易、所需语言的复杂程度，我们选择了六种任务，并增加了能调节课堂气氛的"游戏"活动，共七种任务训练方法，以下分别说明。

一、排序与分类活动

（一）活动方式

排序任务要求学生准确评价一系列相互关联的证据，发现它们之间因果、时间或进展性的关系，将所提供的若干张图片、句子或段落按照一定的逻辑顺序排列出来。分类则需要学生按照一定的时间、空间、特性等事理逻辑将图片、词句或段落划为不同的类别。

活动时，每个学生只得到练习内容的一两个部分，他们不能将手中材料展示出来，只能通过描述或大声朗读的方式让其他同学知晓。交流的过程要使用协商性语言。

（二）活动举例

例1. 活动名称：品质

活动目的：描述个人品质，陈述偏爱，询问和说明理由。

活动重点：词语"书、词典、放大镜、电视、水杯、自行车"等，表示热爱或重要性的句子，如"我喜欢……"，"……很重要"。

学生程度：初级

所需时间：10～12分钟

课前准备：生词卡片，排序表

活动步骤：

① 每个人仔细考虑每件物品的重要性，然后按照最重要到一般的顺序将这些词语排序；

② 学生分组，每个学生依次说出自己的排序情况；

③ 小组讨论，制定一个统一的排列顺序；

④ 班级汇报并说明理由。

例2. 活动名称：邀请谁？

活动目的：说明理由，进行比较，发挥想象力。

活动重点：运用一些表达品质的词语，表达观点的句子，如"我认为……"，"我觉得……很合适"。

学生程度：初级

所需时间：15分钟

课前准备：名人照片

活动步骤：

① 教师将10～15位世界名人照片贴在黑板上，并在下面写出汉语名字；

② 每个学生各自选出5个，并按喜欢的程度进行排序；

③ 教师收上来学生的排序表，统计整理后决定最终名单；

④ 每个小组选择一位名人为他们设计开场白；

⑤ 模拟欢迎会，每个小组派一名学生扮演名人。

例3. 活动名称：我爱吃……

活动目的：谈论喜欢或不喜欢的食物，说明味道，询问理由。

活动重点：词语"酸、甜、苦、辣、咸、油腻"，表示喜爱的句子，如"我喜欢……"、"我不爱……"。

学生程度：初级

所需时间：15分钟

课前准备：中国菜图片

活动步骤：

① 班级讨论列举某个国家留学生最难接受的和最喜欢的中国食品；

② 每组各选出五种，并按不喜欢或喜欢的程度进行排序；

③ 每个小组为自己的排序列出理由；

④ 每个小组派一名学生陈述理由；

⑤ 根据各小组意见，讨论生成最新班级排序表。

例4. 活动名称：孤岛求生

活动目的：想象力，争辩和说服。

活动重点：重点练习"依我看、最好、还是这样吧、我说的是"等协商型语言。

学生程度：初级2、3级

所需时间：15～20分钟

课前准备：实物、照片、地图等。

活动步骤：

① 教师说明活动背景：一些人在船只失事后漂泊到一个孤岛，要想求生，最需要什么物品；

② 将学生分组，规定每组有一位老人，一个儿童，一位女性，其他人身份自定；

③ 每个小组开列逃生的必需品，并进行排序；
④ 教师对照各组提供的物品，进行统计，形成新的排序；
⑤ 每组依次介绍物品的功能，一个学生发言，其他学生补充。

例5. 活动名称：生活方式
活动目的：说明理由，陈述好恶。
活动重点：相关表达
学生程度：初级
所需时间：15～20分钟
课前准备：提前通知学生，各带来三件生活中对他们具有重要意义的物品或图片。

活动步骤：
① 两人一组。
② 每个学生展示并介绍他这三件物品的用途或目的，并解释为什么对自己重要；
③ 小组打乱另外组合成对，每个人展示并介绍先前同伴的物品；
④ 班级列表，依据物品提到的次数进行排序，概括总结。

例6. 活动名称：成长的故事
活动目的：按照所给图片，以一定的逻辑性组织语句。
活动重点：时间表达、动作动词的运用。
学生程度：初级
所需时间：10～12分钟
课前准备：图片

活动步骤：

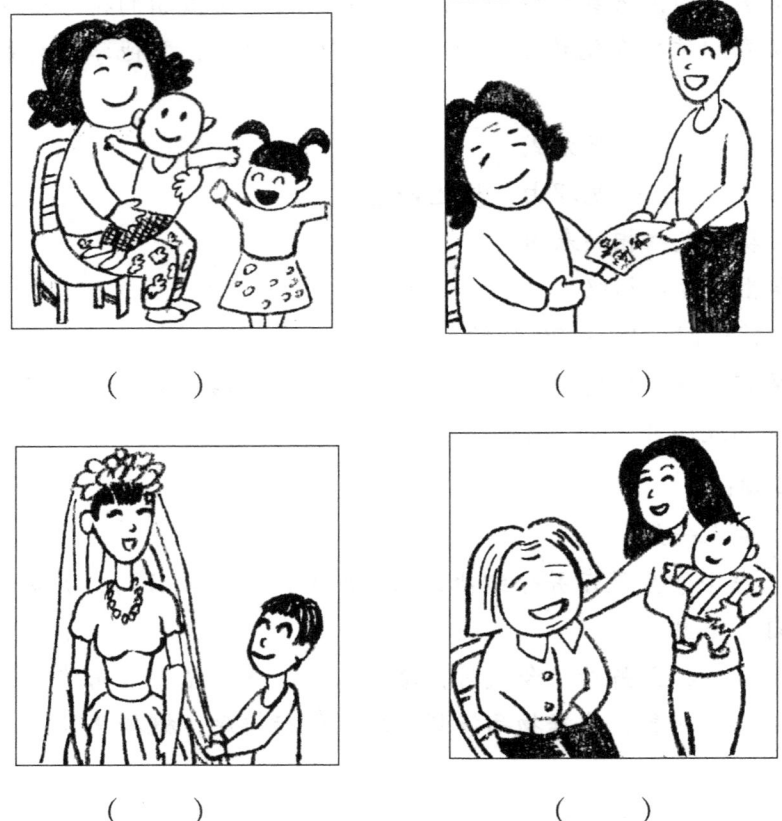

① 每个小组分到一组图片，讨论；
② 按照理解的顺序进行排序；
③ 以其中某一个人物为叙述对象，编出一段故事；
④ 每个小组选择一位代表进行班级交流。

例7. 活动名称：包饺子

　　活动目的：按照所给图片，按一定的逻辑性组织语句。

　　活动重点："把"字句的运用。

　　学生程度：初级3级

　　所需时间：12～15分钟

　　课前准备：图片

活动步骤：

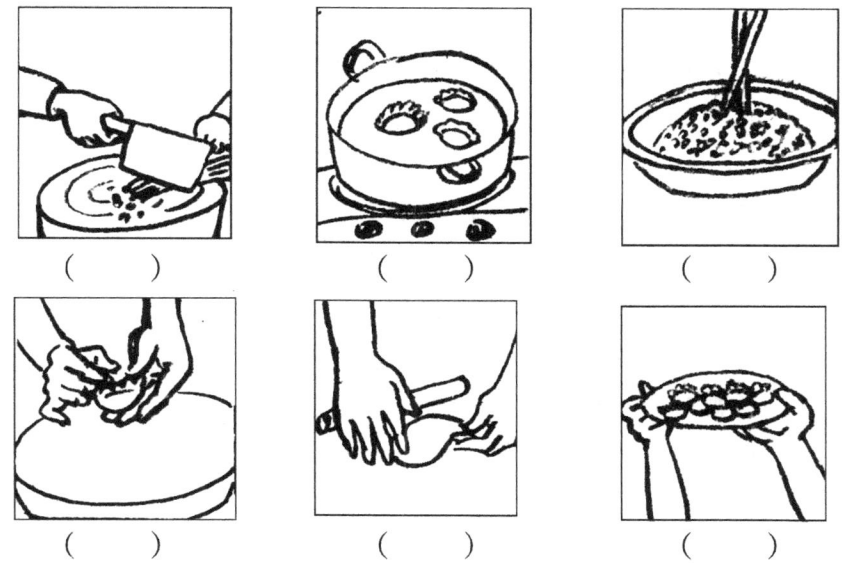

① 每个小组分到一组图片，讨论；
② 按照理解的顺序进行排序，并说明理由；
③ 大家说，一位同学写；
④ 每个小组按自己的排序，把图片贴在黑板上，边贴边讲。

例8. 活动名称：小红帽的故事
　　　活动目的：按照叙述的逻辑性组织语句。
　　　活动重点：人称转换、动作动词的运用。
　　　学生程度：初级
　　　所需时间：10～12分钟
　　　课前准备：将故事拆成一个个句子写在纸上，裁开后分给学生。
活动步骤：
例文

　　小红帽沿着林中小路走着，一边唱着妈妈教的歌："我是一个粉刷匠，粉刷本领强……"，一边摘着路边的花儿。她没有想到，一只大灰狼正躲在树后面等着她呢。大灰狼跳出树丛，笑着对小红帽说："早上好，亲爱的小红帽！""早上好，狼先生！"小红帽已经忘了妈妈教导她的话——千万不要和陌生人说话。

① 学生分组，每人可拿到2～3个句子；
② 每个人记住自己的句子，教师收走纸条；
③ 小组成员之间磋商，组员大声重复出自己的句子；
④ 不断调整句子的排序，直到最后再做一遍，确定无误为止。

例9. 活动名称：新疆是个好地方
　　　活动目的：按照叙述的逻辑性组织语句。
　　　活动重点：连接词语的运用。
　　　学生程度：初级
　　　所需时间：12～15分钟
　　　课前准备：将故事拆成一个个句子写在纸上，裁开后分给学生。
活动步骤：
例文

　　　你去过新疆吗？新疆可是个好地方。好玩儿的地方很多，吐鲁番啊、哈密啊、喀什啊、天山啊，这些地方你一定要去。我保证你一辈子都忘不了这次旅行。你最好八月份去，那可是新疆的黄金季节。一来呢，天气不冷不热，比较舒服。二来呢，正是收获季节，可以大饱口福。你知道吗？新疆可是出产瓜果的地方，什么葡萄、西瓜、哈密瓜、苹果，样样都好吃得不得了。三来呢，这个时候风景最好。

　　　① 学生分组，每人拿到若干个句子；
　　　② 每个人大声朗读自己的句子；
　　　③ 小组成员之间磋商，其间可再朗读自己的句子；
　　　④ 不断调整句子的排序，直到最后再做一遍，确定无误为止。

例10. 活动名称：寻找宠物猫
　　　 活动目的：表达事件的进行、发展，安排语篇。
　　　 活动重点：注意语篇结构。
　　　 学生程度：初级
　　　 所需时间：10～12分钟
　　　 课前准备：将故事拆成一个个小段落，发给学生。

活动步骤：

例文

　　布洛克太太对自己的猫儿汤姆能从千里之外回来，感到非常意外。猫儿在离家 1243 公里的地方失踪了。7 个月以后，它意外地回到了家里。

　　7 个月以前，布洛克太太第一次带着猫儿出远门，到离密执安州 1243 公里的阿肯色州度假。到达度假的地方以后，才发现汤姆不适应新环境，非常不安。汤姆是布洛克太太从小养大的，没想到那天晚上它悄悄离开了她。

　　汤姆失踪以后，布洛克太太一家非常难过。7 个月后，它突然出现在家门口，使全家人喜出望外。原来，这只猫到达度假的地方以后，非常不安，当天晚上就开始回它的老家。虽然路非常远，但是，猫儿凭着天生的本领成功地回到了自己的家。

　　布洛克太太把猫儿送到兽医院检查，发现它在这 7 个月中受了很多苦。汤姆不但比以前瘦了几斤，而且毛色也比以前脏，还有好几处伤。

　　① 每个小组成员拿到一个句群或段落；
　　② 每个人大声朗读自己的部分；
　　③ 小组成员之间磋商，其间可再朗读自己的材料；
　　④ 不断调整语段的排序，直到最后再做一遍，确定无误为止。

例 11. 活动名称：他们是一类（1）
　　活动目的：按照一定的特征、性质来给事物分门别类。
　　活动重点：明确事物的概念。
　　学生程度：初级
　　所需时间：10～12 分钟
　　课前准备：图片

活动步骤：

① 教师将这些图片发给每个小组；
② 小组讨论，按照一定的标准进行分类，类别不能少于两类；
③ 重复进行，列出第一次、第二次、第三次的分类结果；
④ 对每一次的分类结果都要说明理由。

例12. 活动名称：他们是一类（2）
　　　活动目的：按照一定的特征、性质来给事物分门别类。
　　　活动重点：明确事物的概念。
　　　学生程度：初级
　　　所需时间：10～12分钟
　　　课前准备：图片

活动步骤：

① 教师将这些图片发给每个小组；
② 小组讨论，按照一定的标准进行分类，类别不能少于两类；
③ 重复进行，列出第一次、第二次、第三次的分类结果；
④ 对每一次的分类结果都要说明理由。

（三）活动指导

1. 准备

排序和分类活动一般不需要对特殊的结构或词汇进行复习或准备，练习使用的语言属于一般陈述性语言，句子结构简单，适合做简单内容的训练。

2. 难易度

所提供的材料如果所列项目比较复杂，或线索又不那么清晰的话，可以把所有的材料在小组公开，小组成员共同协商完成。

为了增加任务的难度，图片类的练习可以将只让学生口述公布答案的方式改为书写或描述故事，语句排序的练习可以删除所有的标点符号，或把句子或段落裁减得更短。简短的语句要求学生背诵，长的语句或段落可以先让学生大声朗读，然后进行重复一遍的练习，此时要求学生流利说出。

3. 要积极鼓励学生进行练习。练习中，有的学生可能不注意表达内容的准确性，或者只做不说，教师应帮助学生树立信心。

4. 注意语音的准确性。强调学生记忆和准确朗读。

5. 可以选择课本的词汇或课文进行练习，这样学习的效果会更好，与课程的结合也更紧密。

二、拼图活动

（一）活动方式

小组成员各持有完整信息的一部分，同伴之间需要经过合作将故事、信件、表格等拼接成一个整体。

拼图活动需要学生具有较好的理解和沟通能力，学生要广泛询问，从毫不相干的语言描述中寻找部分与部分之间的联系，并且在脑中形成一定的整体影像。

（二）活动举例

例1. 活动名称：他们在做什么？（1）

活动目的：学会描述人或其他事物的状态。

活动重点：正确运用"在"、"正在"等词语或句子。

学生程度：初级

所需时间：10~12分钟

课前准备：将一张街景、校园或宿舍的大图剪成统一尺寸的小图，后面标上数字。

活动步骤：

① 每人拿到一张小图；

② 老师按照数字让持有这些图片的学生介绍图片上的内容；

③ 大家讨论，将这些图片拼成一张大图。

例2. 活动名称：他们在做什么？（2）

活动目的：学会描述人或其他事物的状态。

活动重点：正确运用"在"、"正在"等词语或句子。

学生程度：初级2、3级

所需时间：12~15分钟

课前准备：按学生人数准备两份不同的街景、校园或宿舍的图片，其中一份剪成两半。

活动步骤：

① 两人一组，一人拿到一张完整的图A，一张剪开的图B，另一人相反；

② 学生A根据完整的图A进行描述，告诉学生B如何操作，学生B边听边在半张图A旁边补上遗漏的信息，两人磋商；

③ 交换进行，学生B就另一张完整的图进行描述，方法同上。

例3. 活动名称：他什么样？

活动目的：学会描述人的外貌和表情。

活动重点：正确运用描述人的外貌和表情的词语或句子，如"眼睛大大的"、"他不太高兴"等。

学生程度：初级

所需时间：12～15分钟

课前准备：准备一些名人照片或特征明显的人物照片，其中删改或添加某些细节，然后复印。

活动步骤：

① 两人一组，每人拿到一张照片和一张复印件；

② 学生A根据照片进行描述，学生B边听边在复印件上补出相关细节；

③ 两人交换进行，在此过程中两人要不断磋商；

④ 完成的图片可在黑板上展示，并且介绍自己的作品。

例4. 活动名称：我的一天

活动目的：学会说明和介绍一天的学习或工作安排。

活动重点：正确运用时间短语。

学生程度：初级

所需时间：12～15分钟

课前准备：准备若干介绍不同人物生活安排的文章，裁成一个个段落，发给不同的学生，再设计一个统计表格，每组一张。

活动步骤：
　　① 两人一组，每人拿到文章的一、两个片断；
　　② 学生 A 朗读或介绍文章内容，学生 B 边听边在表格上填出相关信息，如"几点"、"做什么"；
　　③ 两人交换进行。在此过程中两人要不断磋商，直至填完表格上的项目。

例5. 活动名称：漫画故事
　　活动目的：学会说明和介绍人物之间的关系、事件的进展和生活情景。
　　活动重点：上下句连接自然、叙述清楚。
　　学生程度：初级
　　所需时间：12～15分钟
　　课前准备：将一个由4～5幅连续的故事或动作组成的漫画剪开，分别装入两个信封；准备若干白纸。

活动步骤：
　　① 三人一组，两人各拿到一个信封，第三个学生拿到一张白纸；
　　② 学生 A、B 分别描述自己手中的图片，三人讨论故事的顺序；
　　③ 学生 C 在白纸上作画，完成一个故事的排序，并向学生 A、B 完整地叙述一遍。

例6. 活动名称：这就对了
　　活动目的：在部分与整体间建立联系。
　　活动重点：使用正反疑问句"是不是"、"有没有"、"能不能"等询问。
　　学生程度：初级1级
　　所需时间：12～15分钟
　　课前准备：将1张表示人物、景物或物品的大图片贴在硬纸上，然后剪成6片，如果班里有20名学生，至少需要4张图片。

活动步骤：

① 全班活动，每人拿到一张碎片；

② 学生在班级中走动，向别人描述自己手中碎片的内容，并询问别人，如果判断与自己的碎片属于同一张图片，则与该同学一道继续寻找；

③ 最后将所有的碎片放在桌子上，拼成一张完整的图片。

（三）活动指导

1. 拼图活动中，学生们得到图片的方式应是随机的，这样每个学生都是平等的，避免分组时出现不均现象。

2. 在寻找相匹配的图片时，学生不能将手中的图片出示给其他同学，这样增加了表达的强制性。活动的最后，建议增加旨在加强语言准确性的练习，如小组重复连贯说出每一部分的内容，给别的小组介绍自己小组的排序结果等。

3. 与其他活动形式相结合，如讨论、猜测、评述和角色扮演等。

4. 图片或漫画选择的余地很大，但要注意故事的连贯性，图片的特征要明显。

三、信息差活动

（一）活动方式

信息差活动指交际双方各持有对方不知道的信息，他们运用所学语言进行交流，交换信息，共同完成一个任务。如 A、B 两个学生各持一张有若干处差异的图片，通过描述找出两张图片的不同，以及看图说话、故事接龙等。

填补信息差的活动需要学生运用描述、介绍、询问、确认、评价等谈话技巧，意义磋商的过程较好地体现了真实交际的目的。

（二）活动举例

例1. 活动名称：东边还是西边？

活动目标：让学生学会描述事物的位置。

活动重点：操练方位词"前边、后边、东边、西边、南边、北边、旁边、中间"，掌握存在句的用法，用方位词和存在句准确描述事物的位置。

学生程度：初级1、2级

所需时间：10分钟

课前准备：印有学校及周边地图的卡片。

活动步骤：

① 学生两人一组，每人一张卡片，两个人的卡片不同；

② 学生A根据卡片进行描述，学生B注意听对方的描述，并在纸上标出所听到的事物及其位置；

③ 学生B标完后，将自己所标示的事物及所在位置描述给学生A听，学生A检查他描述得正确与否，并予以纠正；

④ 交换，学生B描述，学生A标示，重复上面的活动；

⑤ 学生A和学生B完成后，可变换会话对子，学生A和另一组的学生A，学生B和另一组的学生B分别组成新的会话对子进行练习。

例2. 活动名称：在这里

活动目标：让学生学会描述事物的位置。

活动重点：操练方位词"前边、后边、东边、西边、南边、北边、旁边、中间"，练习"……在……"句式。

学生程度：初级1、2级

所需时间：10分钟

课前准备：印有学校主要建筑物的图片，若干表示人物或事物的图标。

活动步骤：

① 学生两人一组，每组一组图片；

② 学生A描述自己目前所在的位置，如"现在我在图书馆的前边，教学楼在图书馆的东边"。学生B根据学生A的描述将手中的图标放到正确的位置上；

③ 学生A和学生B互换，重复上面的活动。

注意，在制作图片时尽量选择学生熟悉的建筑物，如有可能，让学生按照学校的实际情况进行描述。

例3. 活动名称：多少钱？
　　　活动目标：让学生掌握钱数的表示法。
　　　活动重点：操练"块"、"毛"、"分"和"二"、"两"的用法。
　　　学生程度：初级1、2级
　　　所需时间：10～15分钟
　　　课前准备：标有物品及其价钱的若干卡片以及一段介绍物品价钱的说明。

活动步骤：
　　① 学生两人一组，每人得到一张说明和一些卡片，两人所得不同；
　　② 学生A先介绍自己的说明，学生B听后找出相应的物品及价钱；
　　③ 学生B将自己的结果描述给学生A听，学生A判断正确与否；
　　④ 两人互换，重复上面的活动。

例4. 活动名称：怎么走？
　　　活动目标：让学生掌握路线的表示法。
　　　活动重点：操练"一直往……走"，"到……左（右）拐"，"过马路"，"先……，然后……"等。
　　　学生程度：初级
　　　所需时间：10～12分钟
　　　课前准备：标有学校主要建筑物的地图，在黑板上写上提示词。

活动步骤：
　　① 学生两人一组，每组一张地图；
　　② 学生A根据地图选择一条路线进行描述，学生B在白纸上画出学生A描述的路线；
　　③ 学生B完成后，将自己所画的路线描述给学生A听，学生A检查他描述得正确与否；

④ 学生 B 另选择一条路线进行描述，重复上面的活动。

注意，教师要提示学生尽量用上所给的提示词语，所选择的路线不要过于简单。

例5. 活动名称：一样吗？

　　活动目标：让学生找出两组图片的相同和不同之处，掌握如何表示事物的异同。

　　活动重点：操练"跟……（不）一样""……比……""……不比/没有……"。

　　学生程度：初级

　　所需时间：10分钟

　　课前准备：将表示两个地区气温或天气变化的图片、超市中商品价格的图片或两个房间布局的图片制成卡片，在黑板上写提示词"跟……（不）一样"、"……比……"、"……不比/没有……"。

活动步骤：

　　① 学生两人一组，每组得到一套卡片；

　　② 学生A和学生B以提问的形式将两幅图的异同找出来。学生A先提问，学生B回答两幅图的相同点。然后学生B提问，学生A回答两幅图的不同点；

　　③ 完成以后组与组之间互换卡片；

　　④ 学生B提问，学生A回答两幅图的相同点。然后学生A提问，学生B回答两幅图的不同点。

注意，教师在制作卡片时要突出异同，有差异的地方要能够进行比较；相邻组之间的卡片不要相同。

例6. 活动名称：是你吗？

　　活动目标：掌握如何描述一个人的职业、年龄、家庭、社会地位和个人好恶。

　　活动重点：操练与职业、家庭、爱好相关的词语。

　　学生程度：初级

所需时间：20分钟

课前准备：班里学生的照片，调查了解班里学生的职业、年龄、家庭、社会地位和个人好恶，并将其制作成卡片。

活动步骤：

① 发给每个同学一张不是自己的照片或者一张不是对自己进行描述的卡片；

② 学生拿着照片或卡片在同学间来回走动，与一名又一名同学进行对话，直到找到与照片相匹配的卡；

③ 学生间相互交换照片和卡片，进行反复练习。

注意，活动前教师可以将班里的桌椅拉开，留出较大空地，这样可以在短时间内为每一个学生提供大量的练习机会；提示同学不要说出照片上人的名字，在确认所有特征都符合后再说出名字；使用班里同学的照片更能激发学生的兴趣。

例7. 活动名称：故事接龙（1）

活动目标：通过说故事让学生掌握趋向补语的用法。

活动重点：操练 V+上/下/进/出/回/过/起＋来/去

学生程度：初级1、2级

所需时间：15～20分钟

课前准备：准备几组连贯故事的图片。

活动步骤：

① 学生两人一组，每组一组图片；

② 学生 A 和学生 B 轮流用趋向补语描述图片上的内容，最后连成一个完整的故事；

③ 各组在全班交流自己的故事；

④ 教师带领学生对所讲的故事进行评价，反馈。

注意，教师要适当控制学生所讲故事的长度，控制好时间。每个学生所说出语言的数量尽量均等。鼓励学生联想猜测，添加环境、心情等描述性语言。

例8. 活动名称：故事接龙（2）

活动目标：提建议，表达个人观点。

活动重点：逻辑连接词，如"然后、接着、又"等。

学生程度：初级2、3级

所需时间：15分钟

课前准备：几张卡片，分别写上"晓红、亮亮、张叔叔、卫生间、楼梯、手机、照片、疼、慢慢地"等词。

活动步骤：

① 学生3~5人一组，每组一套卡片，每个学生持2~3张；

② 随意指定一个学生开始编故事，但必须用上手中的卡片；

③ 各组完成后，可与其他组交换卡片，或选择几组在班中讲述。

（三）活动指导

1. 信息交换的双方应都具有足够的、能提供给别人的信息，所以准备的材料内容要均衡，如果是找差异，差异要明确。

2. 分组要照顾到学生的水平，一般来说，水平接近的学生在一组，活动时学生心理压力小。不过在一个气氛融洽的班级，水平略有差异的学生在一组会更利于学生双方的进步。

3. 调动学生积极性的方式是多方面的，教师可通过四处走动、细心观察、适时指点来做到。特别是对于能力弱的学生，指令要特别清晰，任务要求适当降低。及时提供一些帮助，会让这些学生更有乐趣和信心。

4. 在交流过程中，尽量要求学生使用汉语，完成任务的过程比任务结果更重要。

四、解决问题活动

（一）活动方式

给学生一系列可以选择的决定，由学生通过讨论，达成一致意见，选择一个决定。如在预定的经费中采买更多的物品、新年晚会的实施方案、为朋友选定参加晚会的服装、乘坐什么交通工具等。

解决问题涉及学生逻辑分析、推理、计算等方面的能力和社会文化知识，重点在于依靠对各种条件的分析，合理制订方案，此时学生的生活经验、价值观念、生活方式和态度都显现出来，语言起到了沟通的作用。

（二）活动举例

例1. 活动名称：送别会

活动目标：通过小组讨论征集最佳方案，鼓励学生进行表达和交流。

活动重点：练习句型"要……了"以及与"送别"这一交际项目相关的词语和语言点。

学生程度：初级

所需时间：20分钟

课前准备：在黑板上写上要讨论的题目"玛丽快要回国了，我们给她饯行"。

活动步骤：

① 学生四个人一组，同学之间自由组合；
② 小组成员各自发表自己的观点；
③ 小组成员对组内的观点进行讨论，最后决定一个最佳方案；
④ 各小组推选一个代表向全班同学介绍他们的方案。

注意，教师要提示学生明确方案的构成，如时间、地点、方式，越细致越好。给出足够的时间，保证每个成员都能发表自己的观点。最后教师要对方案的价值和可行性进行评价。

例2. 活动名称：最佳穿着方案

活动目标：小组讨论、沟通协商，提出建议以及对别人建议的反应。

活动重点：操练语言点"不是……吗？"，"怪不得……"，"原来……"等。

学生程度：初级2、3级

所需时间：20分钟

课前准备：在黑板上写上要讨论的题目"你的朋友第一次跟女孩子约会，请你帮他打扮打扮，并说明选择这身衣服的原因"，写上本课的语言点"不是……吗？"，"怪不得……"，"原来……"等。

活动步骤：

① 学生三个或四个人一组，自由组合；

② 小组内每个成员表达自己的观点，其他成员要针对发言同学的观点提出支持或反对意见；

③ 小组成员讨论交流，决定一个最佳穿着方案；

④ 各小组推选一名代表向全班同学介绍小组讨论结果。全班同学一起讨论交流，最终得出一个最佳方案。

例3. 活动名称：还是她好

活动目标：小组讨论帮助哥哥选女朋友，鼓励学生进行交流。

活动重点：操练比较句，比较事物的差异。

学生程度：初级2、3级

所需时间：20分钟

课前准备：三组长相、爱好、职业、收入不同的女孩的照片。

活动步骤：

① 学生三或四人一组，每组三组照片；

② 小组成员分别描述这三组照片上女孩的长相、爱好、职业、工资；

③ 小组内讨论比较，最后为哥哥选一个女朋友；

④ 各小组向全班汇报自己的讨论结果，并说明选择的理由。

例4. 活动名称：生日会

活动目标：小组讨论交流为同学准备生日聚会，培养学生解决问题的能力，为学生提供表演机会，提高学生语言表达能力。

活动重点：练习"过生日"这一交际项目，操练与"生日"有关的词语和语言点，练习祝福的话"祝你……"，感谢的话"谢谢你……"、"为……干杯"等。

学生程度：初级

所需时间：20分钟

课前准备：准备蛋糕、蜡烛、杯子、汉语词典、红酒、花儿。

活动步骤：

① 学生自由组合，四个或五个人一组；
② 小组讨论交流，制定生日聚会的详细计划；
③ 小组讨论设计准备的整个过程，包括对话和动作；
④ 各小组运用道具，实际表演生日会上的情况；
⑤ 全班同学投票，评出哪个组表演得最好。

注意，这个活动分成了三个层次，讨论计划——设计表演——表演，每一步做扎实后才能进入下一环节，表演不是重点。

例5. 活动名称：最佳交通方案

活动目的：通过本次讨论，掌握常用的方位词如"上、下、左、右"；并学会熟练问路及回答。

活动重点：路线的描述和说明，如"去地铁站怎么走？"、"一直走，到十字路口往左拐"。

学生程度：初级

所需时间：20分钟

课前准备：教师准备若干张地图，如北京市城区地图或地铁简图。

活动步骤：

① 教师把全班同学分为若干组，每组发给一张地图，另一张地图贴在黑板上；
② 每组同学根据教师规定的起点和终点，设计出尽可能多的到达路线；
③ 每组派一个代表，介绍本组的研究结果；
④ 全班同学评价，考虑到时间、金钱、换乘的复杂程度，评选出每一目的地的最佳乘车方案。

（三）活动指导

1. 最佳方案的活动需要学生多方使用与本话题有关的词语和句子，如"送别会"，一旦学生确定送别的方式，就需要围绕这个方式建立行动框架，包括对人员的分配、需要的物品、时间、地点等，这个讨论的过程就是方案不断成型的过程，学生可有较多的机会使用语言。

2. 为了增加任务的难度和使方案更具可行性和合理性，要避免学生漫无目的的遐想，可用条件来限制任务的完成，如设定预算、规定时间等。

3. 简单一些的任务可以只作出决定，提供理由；复杂的任务可让学生写出实施方案，交给审核部门（由其他组学生扮演）进行审查，必要时接受咨询答辩。

4. 可以设计完全真实的任务让学生完成，如班级是否需要养几盆花儿，怎么管理、"春游计划"等，班级讨论结束后可以真正实行，这样学生参与的情绪会非常高涨。

五、交换观点活动

（一）活动方式

小组成员就某个话题展开讨论，各自发表意见。如讨论、辩论、发表调查报告等。目的在于展示不同的观点，而不要求观点一致。

这类任务可以概括为观点差，它是一种开放性任务。学生根据个人爱好、情感、态度，或对社会问题进行讨论，或就个人经历、情况、想法进行说明。想法各种各样，没有正确或错误之分，即使辩论也不一定达成一致的结果，所以重在交流、归纳不同的观点。

（二）活动举例

第一类：小组讨论

例1. 活动名称：青春小鸟

活动目标：有关年龄和感受，谈论自己并对自己进行反思。

活动重点：练习有关的词语，如"小的时候、上大学以后、三十而立"等。

  学生程度：初级3级

  所需时间：20分钟

  课前准备：课前给学生一个问题表，如"你觉得多大年龄是年轻？"、"你父母进入老年了吗？"、"5岁、18岁、30岁做什么好？"、"三十而立对不对？"等。

活动步骤：

  ① 学生自由组合，四个人一组；

  ② 小组成员分别提问；

  ③ 找出几个焦点问题进行讨论；

  ④ 就讨论结果向班级汇报。

例2. 活动名称：手机功过

  活动目标：培养学生概括总结能力。

  活动重点：练习有关的词语，如"拍照、上网、听音乐"等，练习相关语言点"虽然……但是……"，"不过……"等。

  学生程度：初级2、3级

  所需时间：20分钟

  课前准备：课前给学生布置话题"手机的功与过"。上课前在黑板上写上相关的词语和句型。

活动步骤：

  ① 学生自由组合，四个人一组；

  ② 小组讨论交流，并按"好处"和"坏处"两个方面将小组讨论结果整理成若干条理由；

  ③ 小组推选一名代表向全班陈述本组的讨论成果；

  ④ 教师进行评价总结。

例3. 活动名称：什么证据？

  活动目标：交流意见，说明理由，表示同意或不同意。

  活动重点：引起话题、接过话题、转移话题等表达，如"依我看"、"你说的也是"、"不过"、"你觉得呢"等。

　　　　学生程度：初级3级

　　　　所需时间：20分钟

　　　　课前准备：每组一份打印好的有关"买房还是租房"的观点集锦。

活动步骤：

　　　　① 学生自由组合，四个人一组；

　　　　② 阅读材料；

　　　　③ 讨论材料中的说法，寻找支持观点的论据；

　　　　④ 讨论哪些论据是有说服力的，哪些观点论据不足。将分歧记录下来；

　　　　⑤ 小组代表进行班级汇报。

例4. 活动名称：你了解他吗？

　　　　活动目标：发挥想象能力，说服别人。

　　　　活动重点：练习有关品质、才能的词语，如"勤奋、老实、漂亮"等。

　　　　学生程度：初级2、3级

　　　　所需时间：20分钟

　　　　课前准备：从杂志上剪裁所需人物的照片。

活动步骤：

　　　　① 3～4人一个小组；

　　　　② 每组同学拿到一张照片，先为这个人物写一个简历，尽量想象他的教育背景、生活方式和价值观；

　　　　③ 组与组交换照片，继续完成这个过程；

　　　　④ 将小组活动的结果读出来并进行讨论，看看小组间在哪些方面的观察一致，哪些理解大相径庭。

例5. 活动名称：谁够格（做学生会干事）？

　　　　活动目标：描述某人、说明理由、反驳、表达偏爱。

活动重点：练习有关评价的词语，如"合适、有利于、愿望"等。
　　学生程度：初级2、3级
　　所需时间：20分钟
　　课前准备：提供不同人物的申请表。

活动步骤：
　　① 3～4人一个小组；
　　② 讨论这个职位所需要的资格和条件；
　　③ 阅读候选人的材料，讨论每个候选人的特点以及长处和短处；
　　④ 将小组活动的结果读出来，统计每个候选人的得票，并公布结果。

第二类：辩论

例1. 活动名称：悲观者和乐观者
　　活动目标：发表不同意见。
　　活动重点：练习有关转折的词语和反义词语，如"但是、不过、健康、糟糕"等。
　　学生程度：初级2、3级
　　所需时间：20分钟
　　课前准备：无

活动步骤：
　　① 全班同学分为两队，一队为乐观者，一队为悲观者；每队先充分讨论，列出尽可能多的乐观或悲观的言论；
　　② 悲观者先开始，发表一种观点，如"喝酒有害于健康"，乐观者马上进行反驳："医学证明，喝一点儿酒能预防心脏病"；
　　③ 几分钟后，由乐观者抛出一条条乐观的陈述，悲观者也对此作出反应；
　　④ 如此接力式地进行。

例2. 活动名称：找舍友（找一个同国籍的舍友好，还是不同国籍的舍友好？）
　　活动目的：锻炼学生论证、陈述、反驳等快速表达能力。

活动重点：一些常用句式，如"比较句"。
学生程度：初级2、3级
所需时间：20分钟
课前准备：教室布置

活动步骤：

① 把全班同学分为三组：A组为正方（找一个同国籍的舍友好），B组为反方（找不同国籍的舍友好），C组为评委；
② 给适当的时间让A组、B组分别讨论；
③ A组、B组辩手分别发言，陈述自己的观点和理由；
④ 双方交锋；
⑤ A组、B组代表总结自己的观点，评委对本次辩论进行总结。

例3. 活动名称：血型说明什么？
活动目标：通过小组辩论的形式锻炼学生的应变和表达能力。
活动重点：练习与性格有关的词语，如"马虎、认真、成熟、稳重、乐观"等。
学生程度：初级2、3级
所需时间：20分钟
课前准备：课前给学生布置论题"血型与性格有无关系？"。

活动步骤：

① 将学生按其观点的异同分为两组。认为血型与性格有关的为A组，认为无关的为B组；
② A组和B组小组内讨论交流各自观点，每组推选四个人参加辩论；
③ 教师作为主持人，宣布开始自由辩论；
④ 自由辩论结束后给每个组三分钟时间自由陈述；
⑤ 教师对这次辩论进行总结和评价。

注意，不参加辩论的同学可随时发表自己的意见，为本组参加辩论的成员提供帮助。

例 4. 活动名称：住校内还是校外好

活动目标：通过小组辩论，启发学生思维和应变表达能力。

活动重点：练习语言点"依我看……"、"确实"、"虽然……但是……"，练习比较句。

学生程度：初级 2、3 级

所需时间：20 分钟

课前准备：课前将辩题作为作业布置给学生，将学生分为正方、反方和中立方三组。

活动步骤：

① 正方和反方讨论后，推举一名代表陈述本组主要观点；

② 正方和反方同学进行自由辩论，在辩论过程中可以随时针对对方观点提出疑问；

③ 给三五分钟的时间，正、反方分别去说服中立方；

④ 统计各方的人数，教师对辩论进行评价、总结。

注意，正、反方开始时的人数应该均等。

第三类：调查

调查是用口头询问的方式了解被调查者对某些问题的看法。大部分学生对民意测验或调查的形式都很熟悉，因此可以很容易把它们应用到口语技能训练中。为了在课堂中实施，可以将调查对象局限为本班同学，如果条件许可，也可以扩大到周围中外朋友中。

活动时，可以给每个小组一个主题，由学生来讨论确定调查的题目、涉及的范围、问题的数量、采访的方式和对象，然后分头行动或一齐行动；也可以教师先设计一张调查表发给学生，这样活动的速度会比较快。

调查如果以个人的方式进行，学生需要在班级中寻找采访对象；如果在小组间进行，需要每个小组依次做采访人和被采访人，要规定好时间进行互换。

在最后阶段，各组要再次聚集在一起，对结果进行统计分析，达成一致的结论，以口头或书面的形式向全班进行汇报。

例 1. 活动名称：银行服务

活动目标：调查了解班里同学使用银行的情况，鼓励学生与尽可能多的同学进行交流。

　　活动重点：练习与存钱、取钱、换钱有关的词语和句型

　　学生程度：初级1、2级

　　所需时间：15分钟

　　课前准备：就自己感兴趣的问题询问班里同学

活动步骤：

　　① 学生自行设计调查表；

　　② 教师巡视，并做指导；

　　③ 每个学生选择3～5名同学进行调查；

　　④ 对个人的调查结果进行汇总并汇报；

　　⑤ 老师带领全班同学对各人的调查报告进行评价。

例2. 活动名称：去哪儿购物好？

　　活动目标：通过调查，确定合适的购物地点，在此过程中训练学生的表达能力。

　　活动重点：操练比较句句型 "A 比 B+adj.+num.+m.+…"，"A 比 B+adj.+（一）点儿/多了/得多"，"A 跟 B+差不多+（adj.）"，"A 跟 B+（不）一样" 等。

　　学生程度：初级1、2级

　　所需时间：20分钟

　　课前准备：课前给学生布置作业：选择三个不同的商场，要求学生两人一组，对商场物品的质量、价钱、服务态度和购物环境进行调查，写出调查报告。

活动步骤：

　　① 将分别调查不同商场的每三个小组组成一个大组；

　　② 小组成员各自发表自己的调查报告；

　　③ 小组成员之间进行交流讨论，对三个商场物品的质量、价钱、服务态度和购物环境等进行比较，讨论后作出结论；

　　④ 各组向全班同学汇报本组的结论并说明理由。

例3. 活动名称：旅游经历

　　活动目标：开展班级调查，鼓励学生与尽可能多的同学进行交流。

　　活动重点：练习表示经历的"过"的相关句型以及与旅游有关的交际项目。

　　学生程度：初级

　　所需时间：15分钟

　　课前准备：课前将调查课题作为作业布置给学生，每个同学调查二到四个同学或朋友，主要调查以下几项：

　　① 你去过哪儿？
　　② 那儿有什么名胜古迹？
　　③ 你觉得那儿怎么样？
　　④ 你下一个想去的地方是哪儿？

活动步骤：

　　① 根据调查情况，将学生分为三或四人一组；
　　② 小组成员发表自己的调查结果；
　　③ 小组讨论形成调查报告；
　　④ 各小组推选一个代表向全班同学报告本组的调查成果；
　　⑤ 教师和全班同学一起对本次调查进行评价、总结。

注意，分组时尽量不要将调查同一个人的同学分到一组；讨论的时间要充分。

例4. 活动名称：口味大全

　　活动目的：通过调查，学习如何表达菜的不同口味，了解同学对口味的偏好。

　　活动重点：一些常用的提问方式，不同口味的表达方法，如"又酸又辣"等。

　　学生程度：初级1、2级

　　所需时间：15分钟

　　课前准备：纸张或调查表。

活动步骤：

① 按照自己能想到的各种口味，调查其他同学，分别记下他们喜欢的菜和口味。

② 总结调查结果，得出喜欢各种口味的有多少人。如：

今天我调查了_____个同学，有_____个同学喜欢酸的，有_____个同学喜欢甜的，有_____个同学喜欢辣的……

③ 每个同学把自己的调查结果向全班同学汇报。

例5. 活动名称：出行方式

活动目的：通过调查，了解所在城市常用的交通和出行方式，学习与当地人交流。

活动重点：练习表示交通的词语，询问别人的意见。

学生程度：初级2、3级

所需时间：15分钟

课前准备：将学生分组，每组学生调查不同年龄、职业、身份的一类人，如学生、白领、打工者等，并详细记录。

活动步骤：

① 各个小组分别介绍自己的调查结果；

② 教师带领大家共同分析总结；

③ 找出若干影响交通的突出性难题；

④ 每个小组就其中某一问题展开讨论，提出解决问题的途径。

例6. 活动名称：我的……丢了（警察调查案件）

活动目的：学习与人沟通，针对具体问题多方了解信息。

活动重点：练习"是……的"句，反问句"你怎么知道……"等。

学生程度：初级2、3级

所需时间：10分钟

课前准备：案发现场布置。

活动步骤：

① 两人一组，一人扮演丢失物品的人，一人扮演警察；
② 警察向失主展开刨根问底式提问并记录；
③ 警察向全班汇报案情调查情况；
④ 大家一起分析窃贼可能是谁。

参考以下报案登记表

姓名		电话	
住址			
事由			
1. 你是什么时候发现自行车丢了的？怎么发现的？			
2. 你的自行车是在哪儿丢的？			
3. 你的自行车是什么牌子的？什么颜色的？			
4. 你的自行车是什么时候买的？有谁知道你有自行车？			
5. 你觉得可能是什么情况？			

例7. 活动名称：你住在哪儿？

活动目的：通过调查，了解学生住宿情况。

活动重点：练习疑问代词"哪儿"、"谁"、"怎么"及"多+形容词"的提问方式。

学生程度：初级1、2级

所需时间：15分钟

课前准备：调查问卷

活动步骤：

① 学生在班中走动，自由选择调查对象；
② 边提问边记录；
③ 概括总结，之后可借鉴以下叙述方式进行班级汇报。

	同学一	同学二	同学三	同学四	同学五
住址					
同住者					
来校方式					
所用时间					

今天我调查（inquire into）了_____个同学，有_____个同学_____住在学校里边，_____个同学住在学校外面。_____个同学常常(often)走路来学校，平均（average）时间_____分钟；_____个同学常常_____骑自行车来学校，平均时间_____分钟。没有人_____来学校。

例8. 活动名称：我是记者

　　活动目的：通过活动，训练学生提问、应答和快速反应能力。

　　活动重点：练习提问的方式、自我介绍。

　　学生程度：初级1、2级

　　所需时间：15分钟

　　课前准备：采访表

活动步骤：

　　① 选出三位学生做记者，给他们一人一张表格，要求：一个人采访美国人，一个人采访英国人，……

　　② 采访前，记者需要在全班同学面前问：谁是美国人？谁是……国人？确定对象后，开始采访；

　　③ 采访时，需要自我介绍，然后开始询问问题（问题可参见表格）；

　　④ 填写表格；

　　⑤ 采访后，记者根据采访的内容，做口头汇报。

姓名	国籍	年龄	身体状况	爱好	学习专业	学习目的

（三）活动指导

1. 交换观点重在议，可以采用议会的形式来规定议论程序，如设议长或主席来控制大家的发言，设定秘书记录发言的要点。制定一些规定，包括不使用母语、尊重发言人、不要打断别人、压低声调、不干扰别的组等。这些技巧性的设计可以成为任务的一部分，有意识地系统地传授给学生。

2. 讨论时避免偏离主题，对于漫无目的、毫无成果的闲谈要及时制止。而对讨论中的一些简单的结论教师可"从中作梗"，故意抛出一些"破坏性"的观点，鼓励学生多方面思考。

3. 辩论注意时间控制，最好设立主席调控局面，避免有人长篇大论、有人一言不发。设立"中间者"的方式也很可取，还没确定个人态度的人可以成为中间者，随着辩论的深入，中间者可表明态度，加入正方或反方。

4. 调查可以将关注点放在语言形式上，也可以放在逻辑思维、语言组织能力、交际技巧运用上，核心目的是沟通和了解。简单的调查只要把取得的信息总结汇报出来即可，复杂的调查还要求针对调查的情况做出客观评判。

六、角色扮演活动

（一）活动方式

小组成员根据给定的主题，自编脚本，分配角色，排练并表演。

分角色表演是采用"角色环境下谈论"的方式，它比讨论要高一个层次，此时学生根据表演角色不同的职业、地位、个性、态度和情绪，根据想象中的语言环境，根据交际功能和目的，在语言上做出相应的表现和变化，这在更大的程度上展示了交际活动的目的。

（二）活动举例

例1. 活动名称：求职与面试

活动目的：通过扮演不同人物，让学生明白不同职业或身份的人应说的不同语言，掌握提问的方式和技巧。

活动重点：练习一些常用的提问句式，如"你认为你有什么优点？"

学生程度：初级1、2、3级

所需时间：15分钟

课前准备：准备一些有关公司职位和要求的材料，每位学生准备自己的简历。

活动步骤：

① 把全班同学分为两组：两名同学做面试官，其余学生为应聘者；

② 将公司材料和简历分别发给面试官和应聘者；

③ 面试开始，应聘者敲门进入，递给面试官自己的简历。面试官接过简历并让应聘者看公司的材料。

④ 面试官开始提问。

例2. 活动名称：我的东西

活动目的：通过本次活动，让学生熟练掌握商店购物的常用词、句，并学会讨价还价，比较不同的商品，做出选择。

活动重点：练习购物使用的语言，如"我要买……"、"太贵了"、"能不能便宜点儿"。

学生程度：初级

所需时间：15分钟

课前准备：教师需准备一些商品。

活动步骤：

① 教师把全班同学分为A、B、C三组，C组同学为评委，A组中一部分同学扮演售货员，一部分同学扮演购物者。B组中一部分同学扮演售货员，一部分同学扮演购物者；

② A、B两组同学分别表演，售货员要主动与顾客打招呼，介绍自己的商品，顾客要进行讨价还价；

③ C组同学向全班汇报这两组的表演情况，并对他们的语言、表情、态度等作出评价；

④ A、B组同学再表演一遍。

例3. 活动名称：点菜

　　活动目的：通过本次活动，让学生熟练掌握去饭馆吃饭的常用语，学会比较不同餐馆的特色，学会向别人介绍菜品。

　　活动重点：点菜和结账使用的语言，如"我要点……"、"这个菜是什么口味的？"以及词语"菜单、来、主食、喝、稍等、结账、打包、欢迎"等。

　　学生程度：初级

　　所需时间：15分钟

　　课前准备：教师需准备一些菜单。

活动步骤：

　　① 教师把全班同学分为A、B、C三组，A组同学扮演服务员，B组同学扮演顾客，C组同学扮演评委；

　　② A、B两组讨论各自角色的任务、常用语句，C组同学讨论评价标准；

　　③ A、B每组依次派出不同的学生上台表演；

　　④ 评委对A、B两组同学的表演进行点评。

例4. 活动名称：做客

　　活动目的：通过本次活动，让学生了解和掌握做客礼仪及常用语句。

　　活动重点：表达寒暄、问候、夸奖、拉家常的语言。

　　学生程度：初级2、3级

　　所需时间：10分钟

　　课前准备：教师需准备一些充当礼物的物品。

活动步骤：

　　① 教师把全班同学分为A、B两组，A组同学扮演中国家庭的成员，B组同学扮演去做客的外国学生；

　　② 给予A、B两组同学适当时间讨论，A组同学分配家庭角色，讨论应该给外国客人准备什么菜，B组同学讨论应该给中国主人带什么礼物；

　　③ A、B两组同学开始表演。

例5. 活动名称：问题在哪儿？（如学生不来上课，如何解决？）
活动目标：启发学生思维和应变表达能力。
活动重点：练习符合人物身份的语言表达。
学生程度：初级3级
所需时间：20分钟
课前准备：背景材料、人物角色、相应的立场和目标。

活动步骤：
① 根据角色数目，将学生分组，各代表教师、教学管理部门、不上课的学生、家长、法律顾问、主持人等；
② 各组阅读讨论所给材料，思考人物的立场和观点；
③ 主持人介绍会议议程；
④ 各组代表陈述，并展开交锋。

（三）活动指导

1. 角色扮演练习通常需要日常生活经验作底，因此选择的题目要贴近生活、贴近真实的社会环境、贴近角色个人，这样学生才容易参与，也有乐趣参与。

2. 会话中的语言不要求那么有思想、有哲理，学生可以说出任何符合当时情景的话，甚至使用动作、语调、表情。简单的任务可以只要求学生做小对话，只安排几个话轮，也可先提供示范，学生观摩后再进行。

3. 要对学生提出表演的目的，当学生通过语言来诠释对角色的理解时，语言应为目的服务，过于热闹的插科打诨、故弄玄虚不可取。

4. 应该提供尽可能多的实物来布置场景，让学生感觉身临其境，自然放松。

七、游戏

（一）活动方式

为增加学习的趣味性、巧妙地运用教具，教师可设计一些游戏，调节课堂气氛。如：快速出示生词卡片，然后让学生准确说出或写出卡片上的内容；用语言描述物品的性状，做猜词游戏；把一些词语写在纸条上，让学生做组句练习；朗诵、唱歌等。

几乎任何以任务为中心的练习都可以通过增加紧张气氛的方式变为游戏，如果没有需要完成的任务，通过设立时间限制或组内竞争也能达到游戏的效果。

（二）活动举例

例1. 活动名称：吹牛比赛

活动目的：以夸张的形式激发学生的想象力和自我创新意识。

活动重点：比较句的表示方式，如"比"字句、"没有"、"不如"。

学生程度：初级

所需时间：10分钟

课前准备：无

活动步骤：

① 请两名同学上台用新学语法进行吹牛比赛，看谁想法新颖；

② 直到一方说不下去或说错时，再换另一名同学与胜者继续比试。

例：学生1：我比你聪明。

学生2：我比你帅。

学生1：你没有我高。

学生2：你的朋友不如我多。

学生1：你相比我，差多了。（下台，请学生3上台）

学生3：我的女朋友比你的女朋友厉害多了。

学生2：我的女朋友比你的女朋友漂亮多了。

学生3：我的钱比你多多了。

……

例2. 活动名称：牛头对马嘴

活动目的：深化理解语言成分间的组合关系。

活动重点：通过将短语或短句连接，让学生掌握"主语＋地点状语＋做什么"的句型。理解该句型中"地点状语"与"做什么"的搭配。

学生程度：初级

所需时间：10分钟

课前准备：教师准备一些纸条用来写字；准备三个盒子，用来装三组写有不同内容的纸条。

活动步骤：

① 教师把三组短语或短句写在纸条上，一组为班上同学的名字，一组为"在＋地点名词"的短句，一组为"做什么"的短句，分别置于三个盒子里；

② 学生依次从三个盒子里各抽出一张，把抽到的三张纸条上的短语或短句连接起来，并读出来，如下：

他在自行车上游泳。

我们在学校上课。

他在床上洗澡……

③ 学生读后，老师在黑板上板书该句子，让学生判断正误。然后让学生把正确的句子再读几遍。

例3. 活动名称：查找比赛

活动目的：练习对数字的快速识别能力、记录能力。

活动重点：号码的读法

学生程度：初级1、2级

所需时间：10分钟

课前准备：教师给班里每位学生准备一份学校电话本。

活动步骤：

① 老师发给每位学生一份学校电话本；

② 让学生依次查找出学校教务办公室、学生办公室、图书馆、食堂等的号码，准确说出。找得又快又多的学生获胜；

③ 请一位学生将查出的号码写在黑板上；

④ 全班同学一齐认读。

例4. 活动名称：到"三"拍手

　　活动目的：在学习数字后，通过本次活动，训练学生快速反应、正确识别数字的能力。

　　活动重点：数字的读法。

　　学生程度：初级1、2级

　　所需时间：10分钟

　　课前准备：无

活动步骤：

　　① 老师讲解活动规则：是"三"或"三"的倍数时，不读数字，而是拍手；

　　② 全班同学开始依次读数，"三"或"三"的倍数轮到哪位同学，他应拍手；

　　③ 找出犯错误的同学（读错数字、应该拍手而没拍、不应拍手却拍手），让他们在全班同学面前表演节目。

例5. 活动名称：猜词

　　活动目标：用汉语来解释词语，帮助学生记忆生词。

　　活动重点：复习前一个单元学过的重点生词。

　　学生程度：初级

　　所需时间：10分钟

　　课前准备：将前一个单元重点生词制成生词卡片。

活动步骤：

　　① 将全班同学分为A、B两组，生词卡片也分为A、B两组；

　　② 每组推选一位同学到前面背对老师面向同学来猜词；

　　③ 教师向A组其他同学出示生词卡片，同学们根据卡片给猜词的同学提示。提示只能用汉语，并且不能含有生词中的汉字；

　　④ 教师规定时间，在规定时间内猜对最多的组胜利。

注意，在制作生词卡片时最好名词、动词、形容词和词组都要有，而且A、B两组的生词难度相当。

例6. 活动名称：你做我说

　　活动目的：训练学生快速组织句子的能力。

　　活动重点：趋向补语的用法

　　学生程度：初级

　　所需时间：10～15分钟

　　课前准备：文具、水果、照片、地图等实物。

活动步骤：

　　① 教师和一名学生做示范；

　　② 全班同学分为两组，分别讨论、确定要表演的动作；

　　③ 一组（A组）同学依次做动作，另一组（B组）学生观察并快速描述此动作，如：

　　　　ＸＸ走出去了。

　　　　ＸＸ站起来了。

　　　　ＸＸ把书拿出来了……

　　④ 统计句子的正确率，然后A、B两组学生交换。

例7. 活动名称：你说我做

　　活动目的：准确描述

　　活动重点："把"字句

　　学生程度：初级

　　所需时间：10分钟

　　课前准备：无

活动步骤：

　　① 全班同学分为A、B两组，给适当时间讨论、准备，确定一个要对方说的"把"字句（要求：指令能易于对方快速执行）；

　　② 每组同学按一定顺序站好后，A组成员发指令，B组第一位成员迅速告诉本组下一位成员，依次转达，最后一位成员根据指令做动作。如"把门打开"；

　　③ B组成员执行指令后，同样向A组成员提出指令。如"把灯关上"；

　　④ 老师计时，看哪组成员用的时间少，并且句子说得正确。做得

又快又好的组给予奖励。

注意,给对方小组发指令时,只限于第一个学生,不能让该组别的同学听见。简单的变通方法可以是 A 组发指令,B 组任何一个同学做动作都行,以表演正确的为准。

例8. 活动名称:对号入座
　　　活动目的:观察并描述人物
　　　活动重点:形容词重叠
　　　学生程度:初级
　　　所需时间:10 分钟
　　　课前准备:无

活动步骤:
　　① 请一名同学描述班上任何一位同学,要求用上形容词重叠形式,如"大大的眼睛"、"高高的个子"……
　　② 班上其他同学猜被描述的是哪位同学,看谁猜得又快又对;
　　③ 全班同学猜出后,讨论一下儿刚才那位同学描述得是否恰当,可进一步修改补充。

例9. 活动名称:他是谁?
　　　活动目的:介绍人物特点。
　　　活动重点:描述爱好、家庭、长相、性格、习惯等的语句。
　　　学生程度:初级
　　　所需时间:10 分钟
　　　课前准备:发给学生纸张

活动步骤:
　　① 让学生把自己的性格、爱好、长相、家庭、习惯等内容写下来,交给教师,不署名;
　　② 教师将纸条打乱,请学生逐个上台抽取纸条,并读出纸条上的内容;
　　③ 其他同学猜纸条上介绍的人是谁。看谁猜得又对又快。

例10. 活动名称：职业大比拼

　　活动目的：分清职业的特点，并能通过一些语言和动作描述各种职业。

　　活动重点：表示"服务员、售票员、老板、教师、学生、医生、病人"等职业的语言和动作。

　　学生程度：初级1、2级

　　所需时间：10分钟

　　课前准备：无

活动步骤：

　　① 教师把全班学生分为A、B两组，给适当时间讨论准备；

　　② A组同学逐一说出一个或多个与某职业或身份相关的话语，B组同学快速说出该话语所代表的人物的职业或身份。如：

　　A组学生1：你们听清楚了吗？/今天别忘了做作业呀。

　　B组学生：教师

　　A组学生2：你哪儿不舒服？/记得回去吃药。

　　B组学生：医生

　　……

　　③ A、B两组同学交换。

（三）活动指导

　　1. 游戏的目的是为了增加学习的趣味性，因此游戏的设计要能调动学生的热情，时间的限制或动作的夸张都非常必要。

　　2. 游戏应短小，节奏快，适宜的语言项目多为短小的词语或短句，用来训练学生的快速反应和记忆能力，因此设计时应注意所选择的语言形式。

　　3. 既然是边玩边练的形式，每堂课使用的频率要控制。

　　4. 教导学生不过分追求成绩，避免组间或同学间的对立情绪。

本章小结

本章主要从三个方面讲述了与口语技能训练有关的问题。

第一节主要介绍了任务型口语教学的理念、组织方式和教学过程，认为任务型教学是在目前课堂教学条件下，最大化地体现口语技能训练目的的方法，它能兼顾教学的针对性、有效性，并能培养学生的自主意识和合作学习的精神。

第二节主要介绍了口语能力的组成、口语能力的评估标准以及《通用课程大纲》所规定的一、二、三级训练内容，它们可作为设计任务的依据。

第三节主要通过63个任务举例，详细介绍了七类不同类型的任务，以及它们的教学目标、教学步骤、教学注意事项或操作指导。使用者可以选用、模仿或创造性使用。

参考文献

崔永华　杨寄洲　2002　《汉语课堂教学技巧》，北京语言大学出版社。

浮成根　1997　有声作业与听力教学，《汉语教学与研究》第3期。

高明霞　2001　论听、说内在联系及口语交际能力的培养，中国优秀硕士论文数据库。

高　炜　2010　输入—输出训练模式对听力理解影响的实证研究，《华文教学与研究》第2期。

龚亚夫　罗少茜　2006　《任务型语言教学》（修订版），人民教育出版社。

桂诗春　1991　《实验心理语言学纲要》，湖南教育出版社。

郭锦桴　1993　《汉语声调语调阐要与探索》，北京语言学院出版社。

国家汉语国际推广领导小组办公室　2008　《国际汉语教学通用课程大纲》，外语教学与研究出版社。

胡　波　2004　谈在听力训练中抓主要信息能力的培育，《云南师范大学学报》增刊。

胡　波　2007　《汉语听力课教学法》，北京语言大学出版社。

胡春洞　1990　《英语教学法》，高等教育出版社。

刘颂浩　2008　汉语听力教学理论与方法，北京大学出版社。

刘晓阳　2006　听说结合培养口语交际能力，中国优秀硕士论文数据库。

吕必松　2005　《华语教学讲习》，北京语言大学出版社。

欧洲理事会文化合作教育委员会　2008　《欧洲语言共同参考框架：学习、教学、评估》，外语教学与研究出版社。

束定芳　庄智象　1996　《现代外语教学——理论、实践与方法》，上海外语教育出版社。

王建勤　2009　《第二语言习得研究》，商务印书馆。

温晓虹　2007　教学输入与学习者的语言输出,《世界汉语教学》第 3 期。

徐子亮　2000　《汉语作为外语教学的认知理论研究》,华语教学出版社。

杨惠元　1988　《听力教学八十一法》,北京语言大学出版社。

杨惠元　1996　《汉语听力说话教学法》,北京语言学院出版社。

杨惠元　2007　《课堂教学理论与实践》,北京语言大学出版社。

翟　艳等　2006　《汉语可以这样教——语言技能篇》,商务印书馆。

翟　艳等　2010　《汉语作为第二语言技能教学》,北京大学出版社。

张本楠　2008　《中文听力教学法导论》,北京语言大学出版社。

张晋涛　2005　关联理论在对外汉语听力教学中的应用,中国优秀硕士论文数据库。

张　鹏　2004　二语学习者输入技能与输出技能的相关性研究,《西南民族大学学报》第 5 期。

赵金铭　2004　"说的汉语"与"看的汉语",《汉语口语与书面语教学》,北京大学出版社。

赵金铭主编　2004　《对外汉语教学概论》,商务印书馆。

周　健　彭小川　张　军　2004　《汉语教学法研修教程》,人民教育出版社。

周小兵　1989　口语教学中的听话训练,《世界汉语教学》第 3 期。

周小兵　李海鸥主编　2005　《对外汉语教学入门》,中山大学出版社。

朱晓申　邓天中　2007　《交互性外语教学:理论与实践》,上海外语教育出版社。

左焕琪　2007　《英语课堂教学的新发展》,华东师范大学出版社。

Ellis R, *Task-based language learning and teaching*. Oxford: Oxford University Press, 2003.

Fillmore, C, D.Kempler & W.Wang (eds). *Individual Differences in Language Ability and Language Behavior*. New York: Academic Press, 1979.

Krashen, S. *Principles and Practice in Second Language Acquisition*. Oxford: Pergamon Press, 1982.

Leeson, R, *Fluency and Language Teaching*. London: Longman Group Limited, 1975.

Swain, M. *Communicative Competence: Some Roles of Comprehensible Input and Coprehensible Output in its Development*, New York: Newbury House, 1985.

Swain, M. *The Output Hypothesis: Just Speaking and Writing Aren't Enough*. The Canadian Modern Language Review, 1993.

本书有关实例选自下列教材：

林 欢 刘颂浩 1999 《汉语初级听力教程》，北京大学出版社。

潘兆明 1994 《汉语中级听力教程》，北京大学出版社。

王小珊 2008 《成功之路 进步篇·听和说》，北京语言大学出版社。

杨丛洁 1989 《汉语听力训练》(下)，中国人民大学出版社。

杨惠元 2008 《汉语十日通》，商务印书馆。

杨雪梅 胡 波 2009 《汉语听力教程》(第一、二册)，北京语言大学出版社。

后 记

2010年3月,我们作为国家汉办国际汉语教学研究基地的兼职研究人员,在工作之余,参与了基地的建设、项目的设计与书稿的撰写工作。

国际汉语教学的急速发展,迫切需要为汉语教师,特别是即将上岗或从事汉语教学时间不长的非专业汉语教师、汉语志愿者提供理念先进、方法科学的教学法指导用书。我们均有二十多年从事汉语教学的经验,为了完成此任务,又查阅了大量语言教学、习得理论等方面的著作,如言语获得理论、输入输出理论,第二语言教学理论,任务型教学法以及对外汉语教学法等,参照国家汉办研制的《国际汉语教师标准》、《国际汉语能力标准》和《国际汉语教学通用课程大纲》的有关规定,确定了本书的框架和内容。2011年完成初稿,几经修改,现在终于与您见面。

本书在写作中,得到迟兰英院长等基地领导的大力支持。在基地研讨会上,其他组的研究人员也给予了我们无私的帮助,在此一并致谢!

本书也得到北京语言大学出版社的鼎力相助。张健总编辑、徐雁责任编辑为保证本书的质量,精益求精,严格审校,使我们获益良多。

由于时间与精力的不同,本书做了如下分工:翟艳撰写了第一章、第四章,胡波撰写了第二章、第三章。

能力有限,书中不当与粗疏之处,文责自负,并敬请读者匡正批评。

翟艳　胡波